Mon cahier de Français

3e
CYCLE 4

ÉDITION 2017

W0205504

Sous la direction d'Évelyne Ballanfat

Hélène Solnica
Professeure au lycée Henri Wallon,
Aubervilliers (93)

Nadia Mekhtoub
ÉSPÉ,
académie de Créteil

Maud Varbédian-Lapoussière
Professeure au collège
Antoine de Saint-Exupéry,
Rosny-sous-Bois (93)

Myriam Dufour
Professeure au collège
Jean Jaurès,
Lomme (59)

Martin Walter
Professeur au collège
Jean-Jacques Rousseau,
Le Pré-Saint-Gervais (93)

Les auteur-e-s remercient pour leurs relectures et suggestions
l'ensemble des enseignant-e-s qui ont participé aux études menées sur ce cahier.

Nom ....

....

Prénom ....

Classe ....

Programme 2016

Ce cahier applique les recommandations orthographiques de 1990, mentionnées dans le *BO* n° 11 du 26 novembre 2015. Seuls les extraits d'œuvres littéraires n'ont pas été modifiés.

MAGNARD
www.magnard.fr

TUTO VIDÉO lienmini.fr/jdl-002
Saisissez cette adresse sur votre navigateur pour apprendre à créer **votre propre carte mentale.**

Les figures de style : façons de dire pour créer un effet

Figures d'opposition
Exprimer un paradoxe, une contradiction

Antithèse : oppose des idées ou des termes.
Ex. : *Je vis, je meurs (L. Labé)*
Oxymore : rapproche des mots de sens contraire.
Ex. : *une joyeuse guerre*
Antiphrase : affirme le contraire de ce que l'on pense.
Ex. : *Bravo ! Tu es en retard.*

Figures de substitution
Remplacer une réalité par une autre

Métonymie : remplacer un mot par un autre qui a un lien étroit avec lui.
Ex. : *boire un verre (on boit ce qui est dedans)*
Synecdoque : remplace le tout par une de ses parties.
Ex. : *mettre le nez dehors*
Périphrase : désigne un nom par un GN.
Ex. : *Paris, la ville lumière*

Figures de rapprochement
Associer deux réalités différentes

Comparaison : rapproche un comparé et un comparant avec un mot de comparaison.
Métaphore : rapproche un comparé et un comparant sans mot de comparaison.
Métaphore filée : image qui se prolonge sur plusieurs lignes ou plusieurs phrases.
Personnification : attribue un aspect ou un comportement humain à ce qui ne l'est pas.

Figures d'atténuation
Diminuer la portée du propos

Euphémisme : atténue une réalité par les mots.
Ex. : *Il est parti. (Il est mort.)*

Figures d'insistance et d'amplification
Amplifier la portée du propos

Répétition et anaphore : répétition en tête de vers ou de proposition.
Ex. : *Paris ! Paris outragé ! Paris brisé ! Paris martyrisé ! (C. de Gaulle)*
Accumulation : développe une idée par une série de mots.
Gradation : accumule des mots de manière progressive.
Ex. : *Je me meurs, je suis mort, je suis enterré. (Molière)*
Hyperbole : exagérer. **Ex.** : *Il est mort de peur !*

Couverture : Marc & Yvette (maquette), Juliette Baily (illustrations)
Création maquette intérieure : Aude Cotelli Mise en pages : STDI
Illustrations : Frédérique Rich
Responsables d'édition : Mirna Bousser, Aurélie Joubert-Mérandat
Édition : Gwendal Fossois et Catherine Jardin, assistés de Margaux Gueniffey Relecture : Colombe Camus

www.magnard.fr – ISBN : 978-2-210-10765-6

Achevé d'imprimer en avril 2017 par "Imprimerie IPS en France"
Dépôt légal : Mai 2017 – N° éditeur : 2017 0011

IMPRIM'VERT Votre imprimeur agit pour l'environnement
PEFC 10-32-2813

Sommaire

Le lexique

Autour du nom

Le verbe

La phrase

Le texte

Méthodes pour le brevet

Brevet : sujets guidés

Programme d'enseignement du cycle des approfondissements (cycle 4) – Français

Bulletin officiel n° 11 du 26 novembre 2015

L'enseignement du français joue au cycle 4, comme dans les cycles précédents, un rôle décisif dans la réussite scolaire, tant pour le perfectionnement des compétences de lecture et d'expression utilisées dans tous les champs de la connaissance et de la vie sociale que pour l'acquisition d'une culture littéraire et artistique.

Au cycle 3, les élèves ont développé des capacités à lire, comprendre et interpréter des documents de natures diverses, particulièrement des textes littéraires. Ils ont enrichi leurs compétences de communication et d'expression, écrites et orales, dans des situations de plus en plus complexes, structurant leurs connaissances et élaborant une pensée propre. Ils sont entrés dans une **étude de la langue** explicite et réflexive, au service de la compréhension et de l'expression.

L'enseignement du français en cycle 4 constitue une étape supplémentaire et importante dans la construction d'une pensée autonome appuyée sur **un usage correct et précis de la langue française**, le développement de l'esprit critique et de qualités de jugement nécessaires au lycée.

La compétence « Comprendre le fonctionnement de la langue » correspond aux domaines 1 et 2 du socle commun.

Le programme Compétences linguistiques : étude de la langue *BO* spécial n° 11 du 26 novembre 2015	Dans le cahier
Connaitre les aspects fondamentaux du fonctionnement syntaxique	
• Fonctionnement de la phrase simple	Leçons p. 52, 66, 68, 104.
• Fonctionnement de la phrase complexe	Leçons p. 34, 78, 80, 82, 98 – **Méthode p. 128**.
• Rôle de la ponctuation	Leçon p. 78 – **Méthode p. 126**.
Connaitre les différences entre l'oral et l'écrit	
• Aspects syntaxiques à l'oral et à l'écrit	Leçon p. 16.
• Formes orales et formes graphiques	Leçons p. 14, 18.
• Aspects prosodiques et organisation du texte à l'oral et à l'écrit	Leçons p. 102, 106, 116, 118 – **Méthode p. 124**.
Maitriser la forme des mots en lien avec la syntaxe	
• Connaitre le fonctionnement des chaines d'accord	Leçons p. 32, 40, 66 à 70 – J'évalue mes acquis p. 42 – **Méthodes p. 126, 128**.
• Savoir relire un texte écrit	Leçons p. 18 – J'évalue mes acquis p. 28 – **Méthodes p. 126, 130, 132**.
Maitriser le fonctionnement du verbe et son orthographe	
• Mise en évidence du lien sens-syntaxe	Leçons p. 20, 54, 60, 62, 102, 116 – J'évalue mes acquis p. 28.
• Maitrise de la morphologie verbale écrite	Leçons p. 44 à 50, 56, 58, 72 – J'évalue mes acquis p. 62, 74 – **Méthode p. 126**.
• Mise en évidence du lien entre le temps employé et le sens (valeur aspectuelle)	Leçons p. 62, 120 – **Méthode p. 128**.
• Mémorisation de formes verbales	Leçons p. 46 à 60.
Maitriser la structure, le sens et l'orthographe des mots	
• Observations morphologiques	Leçons p. 8, 10.
• Mise en réseau de mots	Leçons p. 8, 10, 16, 18, 32, 34, 38, 40 – J'évalue mes acquis p. 42, 122 – **Méthodes p. 124, 132**.
• Analyse du sens des mots	Leçons p. 10 à 14, 18, 48 – J'évalue mes acquis p. 28, 122.
Construire les notions permettant l'analyse et la production des textes et des discours	
• Observation de la variété des possibilités offertes par la langue	Leçons p. 12, 22 à 26, 102, 108, 116 à 120 – J'évalue mes acquis p. 28, 96, 110.
• Prise en compte des caractéristiques des textes lus ou à produire	Leçons p. 98, 100, 106, 108, 114, 120 – J'évalue mes acquis p. 28, 110 – **Méthode p. 130**.

L'évaluation des compétences dans le cahier

Dans le cahier, le travail sur les compétences est progressif et permet de bien ancrer les connaissances. À chaque étape, l'élève est impliqué-e dans l'évaluation.

❶ Réactiver des connaissances et compétences acquises

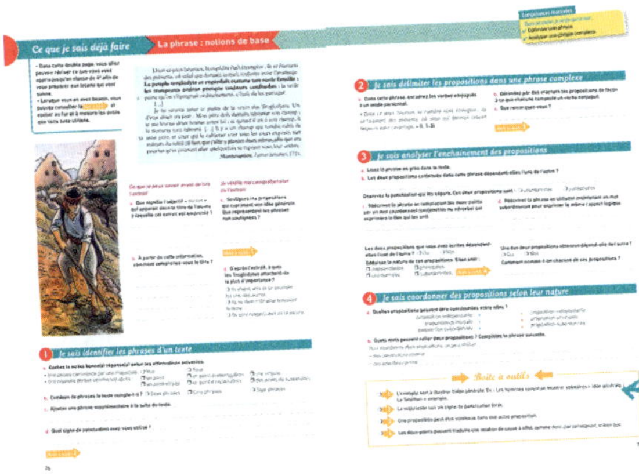

Dans les pages « Ce que je sais déjà faire » :

- Je révise ce que j'ai déjà appris.
- Je me prépare aux leçons qui suivent.
- Je vérifie ce que je sais.

Compétences réactivées

Dans cet atelier, je vérifie que je sais :

✔ Délimiter une phrase
✔ Analyser une phrase complexe

Je coche si j'ai utilisé une aide de la boite à outils.

❷ Acquérir de nouvelles connaissances et compétences

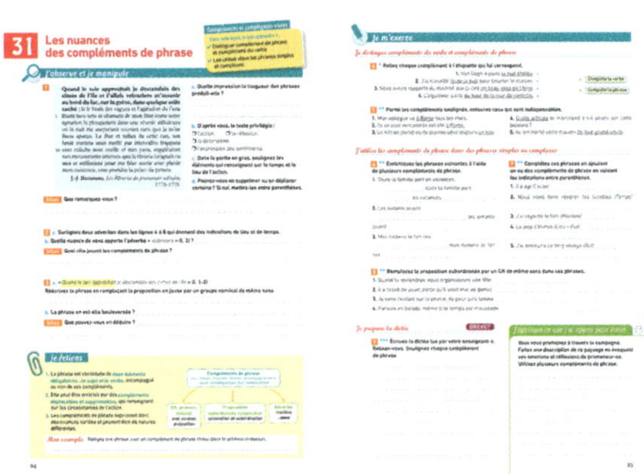

Dans les leçons, **j'apprends de nouvelles connaissances et compétences.**

Connaissances et compétences visées

Dans cette leçon, je vais apprendre à :

✔ Distinguer complément de phrase et complément du verbe
✔ Les utiliser dans les phrases simples et complexes

Je complète le *smiley* en fin de page.

❸ Réinvestir les connaissances et compétences

Dans les bilans « pédagogie différenciée » :

- J'avance à mon rythme en choisissant le groupe 1, 2 ou 3.
- J'évalue mes acquis en complétant le *smiley*.

Compétences évaluées J'évalue mes acquis en complétant chaque smiley.	☺😐☹
1. J'ai reconnu les types et formes de phrase.	☺
2. J'ai analysé la phrase complexe.	☺
3. J'ai justifié l'emploi des modes.	☺
4. J'ai réinvesti mes connaissances dans une production écrite.	☺

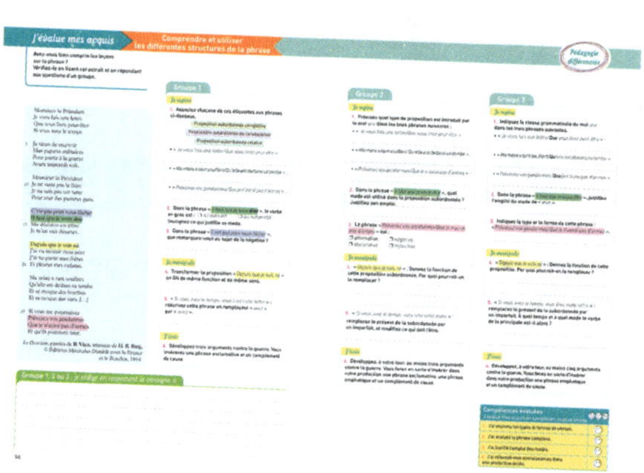

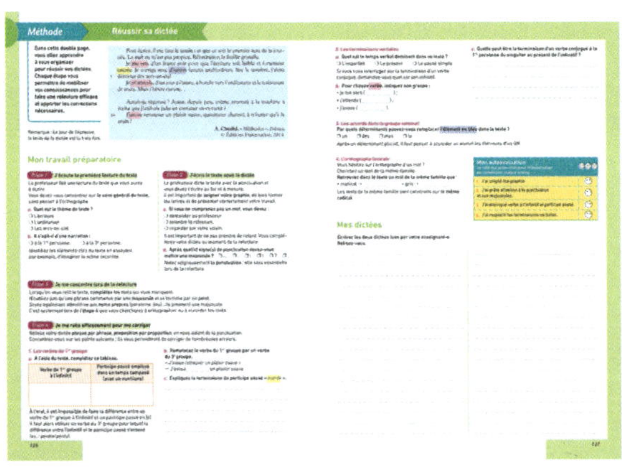

Dans les « Méthodes », **je réinvestis l'ensemble des leçons travaillées et je me prépare au Brevet.**

La production d'écrits est progressive : régulière dans les leçons, à contraintes dans les bilans et plus développée dans les méthodes.

Ce que je sais déjà faire — Sens des mots et expression de soi

• Dans cette double page, vous allez pouvoir réviser ce que vous avez appris jusqu'en classe de 4e afin de vous préparer aux leçons qui vont suivre.
• Lorsque vous en avez besoin, vous pouvez consulter la Boîte à outils et cocher au fur et à mesure les outils que vous avez utilisés.

Une après-midi, à la récréation de quatre heures, **le grand Michu me prit à part**, dans un coin de la cour. Il avait un air grave qui me frappa d'une certaine crainte ; car le grand Michu était un gaillard aux poings énormes, que, pour rien au monde, je n'aurais voulu avoir pour ennemi. – Écoute, me dit-il de sa voix grasse de paysan à peine dégrossi, écoute, veux-tu en être ? Je répondis carrément : « Oui ! » flatté d'être de quelque chose avec le grand Michu. Alors, il m'expliqua qu'il s'agissait d'un complot. Les confidences qu'il me fit me causèrent une sensation délicieuse, que je n'ai jamais peut-être éprouvée depuis. Enfin, j'entrais dans les folles aventures de la vie, j'allais avoir un secret à garder, une bataille à livrer. Et, certes, l'effroi inavoué que je ressentais à l'idée de me compromettre de la sorte comptait pour une bonne moitié dans les joies cuisantes de mon nouveau rôle de complice. Aussi, pendant que le grand Michu parlait, étais-je en admiration devant lui.

É. Zola, « Le grand Michu », *Nouveaux Contes à Ninon*, 1874.

Ce que je peux savoir avant de lire l'extrait

a. Ce texte est :
❍ un récit. ❍ une pièce de théâtre.

b. Observez les mots en gras du texte. Le narrateur est-il un personnage du récit ? ❍ Oui ❍ Non

Je vérifie ma compréhension de l'extrait

c. Vrai ou faux ?

1. Les personnages partagent un secret. ❍ Vrai ❍ Faux
2. Ce sont des amis de longue date. ❍ Vrai ❍ Faux
3. Le narrateur admire le grand Michu. ❍ Vrai ❍ Faux

J'écris un court texte

Un camarade jaloux observe le narrateur et le grand Michu. Donnez-lui la parole en quelques phrases en veillant à utiliser des expressions péjoratives dans son discours.

....
....
....
....
....
....
....
....

1 Je sais réfléchir sur le lexique

a. Dans la liste de mots, soulignez en rouge le préfixe et en bleu le suffixe.
dégrossi • carrément • sensation • inavoué • admiration

b. Lisez la liste de mots. Un intrus s'y est glissé. Barrez-le. Entourez l'élément qui vous a permis de l'identifier.
grave • aggraver • gravité • gras • gravement

Boîte à outils 1

2 Je sais déduire le sens d'un mot à partir du contexte

a. Dans cette liste, certains termes sont positifs, d'autres négatifs. Classez-les dans le tableau ci-dessous.
crainte • admiration • délicieuses • ennemi • effroi • cuisantes • joies

Termes positifs	Termes négatifs

Compétences réactivées

Dans cet atelier, je vérifie que je sais :
- ✔ Comprendre la formation d'un mot
- ✔ Identifier et compléter un champ lexical
- ✔ Utiliser avec pertinence le vocabulaire de l'analyse littéraire

b. Expliquez avec vos propres mots ce que traduisent les expressions suivantes.

- « *un air grave* » (l. 2-3) : ……………………………………

……………………………………

- « *les folles aventures de la vie* » (l. 10-11) : ……………………………………

……………………………………

c. Identifiez les images.

1. Sa voix grasse :
❍ métaphore ❍ comparaison

2. Les joies cuisantes :
❍ métaphore ❍ comparaison

Boite à outils 2

d. Parmi les mots en gras, surlignez ceux qui sont au sens figuré.

1. un gaillard aux poings **énormes**
2. une **bataille** à livrer
3. une **bonne** moitié
4. mon nouveau rôle de **complice**

Boite à outils 3

3 *Je sais identifier un champ lexical*

a. Identifiez ce champ lexical :

crainte, flatté, effroi, joies, admiration.

……………………………………

Boite à outils 4

b. Retrouvez dans le texte trois mots appartenant au champ lexical du mystère.

……………………………………

……………………………………

c. Pouvez-vous retrouver un troisième champ lexical dans le texte ?

……………………………………

……………………………………

……………………………………

d. Soulignez dans la phrase ci-dessous l'expression qui traduit l'insistance.

« *Le grand Michu était un gaillard aux poings énormes, que, pour rien au monde, je n'aurais voulu avoir pour ennemi.* » (l. 3-5)

e. Comment montre-t-elle l'idée que le narrateur se fait du grand Michu ?

……………………………………

……………………………………

……………………………………

Boite à outils 5

Boite à outils

- ❍ **1** Des mots de la même famille sont formés à partir du même radical.
- ❍ **2** La métaphore et la comparaison rapprochent deux objets qui ont un point commun, mais la métaphore ne comporte pas de mot de comparaison.
- ❍ **3** Le sens propre utilise la définition habituelle d'un mot ; le sens figuré part d'une image associée à ce mot, pour mieux faire comprendre une idée.
- ❍ **4** Un champ lexical associe plusieurs mots autour d'une même idée.
- ❍ **5** L'insistance utilise plusieurs procédés et expressions ; elle sert à attirer l'attention du lecteur sur certains aspects importants des textes.

1 Origine et familles de mots

Connaissances et compétences visées

Dans cette leçon, je vais apprendre à :

✓ Comprendre l'étymologie d'un mot

✓ Constituer une famille de mots

J'observe et je manipule

1

Ludique, adjectif (latin *ludus*, jeu).
Qui relève du jeu : *l'activité ludique des enfants.*
Ludothèque, nom féminin (latin *ludus*, jeu).
Local comportant une collection de jeux, de jouets qu'un organisme met à la disposition du public, en particulier des enfants ; cet organisme lui-même.

© Dictionnaire Larousse, 2017.

a. **Quel est « l'ancêtre » commun de ces deux mots ?**

……………………………………………

b. **Les « descendants » ressemblent-ils exactement à leur ancêtre ?**

……………………………………………

……………………………………………

……………………………………………

bilan **Pourquoi peut-on parler de famille ?** ……………………………………………

……………………………………………

2 **Remplissez l'arbre généalogique du mot *métier* : qui est son « père » ? son « frère » ? Qui sont ses « neveux » ?**

Je précise : *ministerium*, c'est le grand-père latin. Il a eu deux enfants très différents, *ministère* et *métier*. À son tour l'aîné a eu des enfants : ministre, ministrable, administrer, administrateur. Le second est resté célibataire et se contente de fréquenter un groupe d'amis choisis en fonction de leur sens et de leur proximité comme *travail, profession, fonction, boulot, job, carrière…*

P. Rambaud, *La Grammaire en s'amusant*,
© Grasset, 2007.

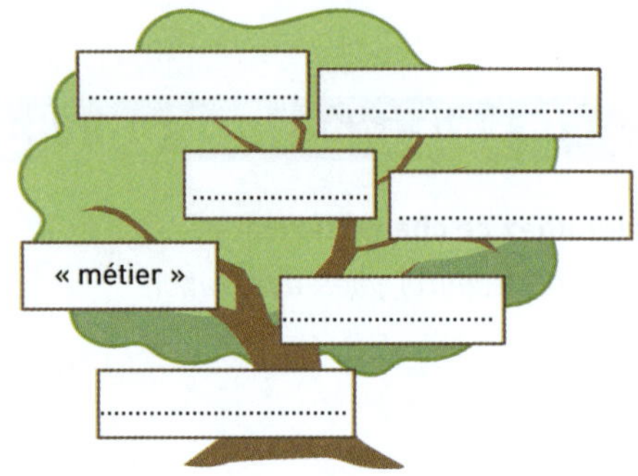

3 **Associez chaque liste à l'étiquette correspondante. Vous pouvez vous aider d'un dictionnaire pour les mots que vous ne connaissez pas.**

1. vent, éventail, éventer •
2. nom, nominatif, surnom •
3. planter, plantation, implanter •
4. feu, brulant, ardent •
5. neige, hiver, verglas •
6. écrire, écrivain, écriteau •

• mot appartenant au même champ lexical

• mots de la même famille (mots ayant la même racine ou origine)

bilan **Quel critère avez-vous utilisé pour choisir l'étiquette de chaque liste ?**

……………………………………………

Je retiens

1. Une **famille de mots** est constituée de **mots qui ont une origine commune :** ils partagent donc un « ancêtre » commun, une même racine qu'on peut reconnaitre grâce à leur **ressemblance orthographique**.
2. Une même racine peut donner naissance à des **radicaux différents**, du fait de l'évolution de la langue.
   – Certains mots sont progressivement **déformés**, souvent à l'oral, et parfois peu reconnaissables, au fil du temps.
   – D'autres, de formation récente, viennent d'une **langue savante**, écrite.
   On appelle ces deux types de mots des **doublets étymologiques**.

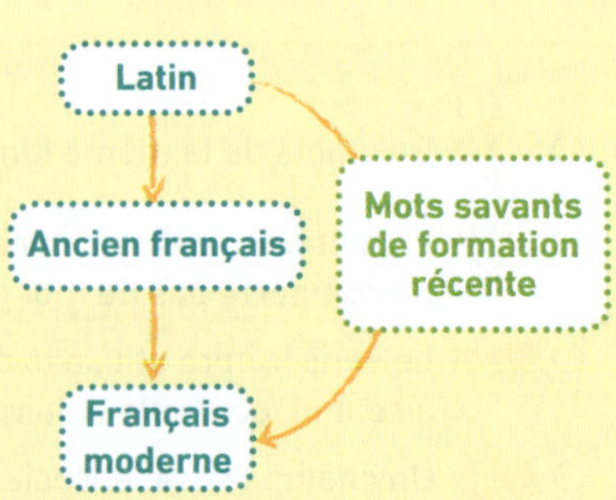

Mes exemples Trouvez quatre mots d'une même famille de votre choix.

1. ……………… **2.** ……………… **3.** ……………… **4.** ………………

Je m'exerce

J'identifie l'étymologie d'un mot

4 * **Cochez la bonne réponse.**

1. Le mot latin *libertas* a donné en français :
❍ *liberté* ❍ labyrinthe
2. Le mot latin *divus* a donné en français :
❍ demain ❍ *divin*
3. Le mot latin *humidus* a donné en français :
❍ *humide* ❍ humble
4. Le mot latin *tempus* a donné en français :
❍ *temps* ❍ tenir

5 ** **Complétez chaque phrase avec un mot dérivé du nom latin** *pater*, **qui signifie « *père* ».** ORTHO

1. Le .... constitue un héritage transmis de génération en génération.
2. Arrivée en France à deux ans, Lin considère la France comme sa ....
3. Le lien de parenté entre un père et son enfant est appelé ....

6 *** **Complétez le tableau en vous appuyant sur les « ancêtres » latins.**

Ancêtre latin	Verbe	Nom commun	Adjectif	Exemple d'une autre langue européenne
***hospes* : hôte, qui donne l'hospitalité**	*hospitaliser*	....	....	*hospital* (anglais)
***festum* : jour de fête**	....	*festivité*	....	....
***domus* : maison, habitation**	....	....	*domestique*	....

Je reconnais les mots d'une même famille

7 * **Reliez chaque mot à son mot d'origine.**

1. infantile •
2. puéril •
3. enfantin •
4. puérilité •
5. enfantillage •
6. puériculture •

• *puer* (l'enfant)
• *infans* (le petit enfant)

8 ** **Barrez l'intrus dans chaque liste.**

1. étoile • interstellaire • étole • étoilement
2. crédible • incrédule • croyant • discréditer • crépir
3. force • forçat • forban • renforcer
4. recevoir • récession • réception • récipient

9 ** **Trouvez le mot dont chaque famille est issue.**

1. pédestre, piédestal, piétiner, orthopédique, piéton, bipède : ....
2. aimer, amateur, amant, désamour, aimable : ....
3. extraterrestre, souterrain, terrien, terreau, terrasse, atterrir : ....

Je déduis le sens d'un mot

10 ** **Expliquez le sens de ces adjectifs à l'aide de leur origine latine.**

1. **invulnérable** (*vulnus*, la blessure) :
....
2. **pacifique** (*pax*, la paix) : ....
....
3. **pluridisciplinaire** (*plures*, plusieurs) :
....

J'applique ce que j'ai appris pour écrire

Vous rencontrez un correspondant étranger pour la première fois. Imaginez une histoire de cinq lignes et employez trois mots issus de la famille de *phônê* **(la voix).**

....
....
....
....
....
....
....

2 La formation des mots

Connaissances et compétences visées

Dans cette leçon, je vais apprendre à :
- ✔ Retrouver les parties composant un mot
- ✔ Déduire le sens d'un mot

J'observe et je manipule

1 a. Donnez le sens de chacun des trois mots ci-contre. Qu'ont-ils en commun ?

……………………………………

b. Nommez les éléments composant ces trois mots.

……………………………………

……………………………………

1. Imperméable : ……………………………………

……………………………………

2. Insoluble : ……………………………………

……………………………………

3. Imprévisible : ……………………………………

……………………………………

bilan **Pouvez-vous déduire le sens de ces préfixes et suffixes ?**

……………………………………

……………………………………

2 a. Dans les mots suivants, surlignez le radical ou les radicaux.

1. un composant
2. un téléphone
3. une occupation
4. un dévouement
5. un copier-coller
6. une motorisation
7. un photophore

b. Quels sont les mots qui ont plus d'un radical ? Tentez d'expliquer comment ils ont été formés.

……………………………………

……………………………………

……………………………………

……………………………………

……………………………………

3 a. Lisez cet article de dictionnaire.

> HASARD : espagnol *azar*, de l'arabe *az-zahr*, le *dé*. Puissance considérée comme la cause d'événements apparemment fortuits ou inexplicables.
>
> © Dictionnaire Larousse 2017.

b. D'où vient le mot *hasard* **?**

……………………………………

……………………………………

bilan **Vous utilisez dans votre quotidien des mots français empruntés à une langue étrangère. Citez-en au moins quatre.**

……………………………………

……………………………………

……………………………………

……………………………………

Je retiens

1. Un mot se compose d'un **radical**, qui en est l'élément central, parfois **précédé d'un préfixe** et/ou **suivi d'un suffixe**. On appelle **dérivation** ce processus de formation du mot.
2. Le **radical** donne **la signification essentielle** du mot, tirée de son étymologie. **Préfixes** et **suffixes** servent à la **nuancer**.
3. On peut également former des mots :
   – en accolant des radicaux (**mots composés**) ;
   – en fusionnant deux radicaux (on parle alors de **mots-valises**) ;
   – en faisant des **emprunts aux langues vivantes** (par opposition aux mots **héréditaires** descendant du latin ou du grec).

Formation des mots

préfixe → radical ← suffixe

ou radical + radical

ou emprunts aux langues vivantes

Mes exemples Trouvez un mot correspondant à chaque mode de formation.

1. …………………… 2. …………………… 3. ……………………

Je m'exerce

J'identifie les parties d'un mot

4 * Surlignez les préfixes dans ces mots et soulignez les suffixes.

imperceptible • violemment • périscope • imperméable • effilocher • parasol • maturation • bégaiement • voleter • démesurément • hypermarché • sorcellerie.

5 * Complétez ces mots par des suffixes pour en faire des adverbes. ORTHO

1. général : ....
2. particulier : ....
3. fraternel : ....

Je reconnais la formation d'un mot

6 * Cochez la bonne réponse.

1. Je suis formé d'un préfixe et d'un radical :
❍ mégatonne ❍ manigancer
2. Je suis formé de deux radicaux :
❍ marchepied ❍ aérofrein
3. Je suis formé d'un radical et d'un suffixe :
❍ pratique ❍ imaginable

7 ** Entourez les mots formés par dérivation.

1. athée • téléachat • police
2. parapente • démocratie • briefing
3. superposer • gargouillement • porte-avion

8 * Reliez chaque mot à son mode de formation.**

1. misérable •
2. bipède •
3. turboréacteur •
4. fréquentation •
5. philosophie •
6. jetlag •
7. irréligieux •
8. sponsoring •

• dérivation
• mot composé
• emprunt aux langues vivantes

9 * Déduisez le sens des trois mots à l'aide des indications fournies.** ORTHO

Mot	Sens du préfixe	Sens du radical	Sens du suffixe	Sens du mot
célébrissime	–	*connu*	*extrêmement, très*	....
anthropomorphisme	–	– anthropos *(grec) : homme* – morphos *(grec) : forme*	*tendance*	....
octopède	octo *(grec) : huit*	podos *(grec) : pied*	–	....

J'analyse préfixes et suffixes

10 * Déduisez le sens des préfixes ou des suffixes en gras dans les listes suivantes. Trouvez ensuite un mot construit de la même manière.**

1. **im**patient • **in**vulnérable • **in**croyable :
....
....
2. **péri**phérique • **péri**scope • **péri**scolaire :
....
3. tolér**able** • mange**able** • imperturb**able** :
....
4. **para**pluie • **para**chute • **para**tonnerre :
....

J'applique ce que j'ai appris pour écrire

Vous atterrissez sur une planète inconnue où vous rencontrez des êtres étranges. Citez-en cinq, en inventant des noms formés par composition.

Ex. : Sur cette planète, il y a des éléfaons.

....
....
....
....
....
....
....
....

3 Dénotation et connotation

Connaissances et compétences visées

Dans cette leçon, je vais apprendre à :
- ✔ Distinguer les divers sens d'un mot
- ✔ Utiliser ces sens selon le contexte

J'observe et je manipule

1 **a. Lisez ces deux extraits de l'ouvrage de Raymond Queneau, qui rapportent une même information.**

1. Un autobus à la livrée verte et blanche [...] vint recueillir du côté du parc Monceau un petit lot favorisé de candidats voyageurs. [...]

2. Après une attente démesurée, l'autobus enfin tourna le coin de la rue et vint freiner le long du trottoir. [...]

R. Queneau, *Exercices de style*, © Éditions Gallimard, 1947.

b. Associez chaque extrait à l'étiquette qui convient.

extrait 1 •	• version péjorative
extrait 2 •	• version méliorative

c. Surlignez, dans le texte, les mots qui vous ont permis de répondre.

2 **a. Observez le mot répété dans ces couples de phrases.**
Indiquez le sens de ce mot dans chaque phrase.

1. A. Cette soirée est absolument **divine**. ....

B. Dans la mythologie, Achille est un héros dont l'ascendance est **divine**. ....

2. A. Le prisonnier a réussi son **évasion**. ....

B. Les films d'aventure sont un moyen d'**évasion** pour les amateurs. ....

b. Expliquez quels moyens vous ont aidé-e à formuler la différence de sens.

....

bilan **Cochez la bonne réponse.**
Le fait qu'un mot peut avoir plusieurs sens s'appelle :

❍ la polyphonie. ❍ la polysémie.

3 **Observez la carte mentale réalisée à partir du mot** *ligne*.
Puis formez-en une à partir du mot *pièce*.

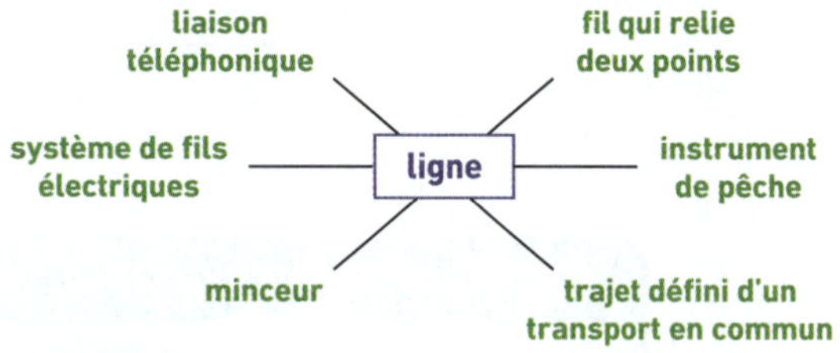

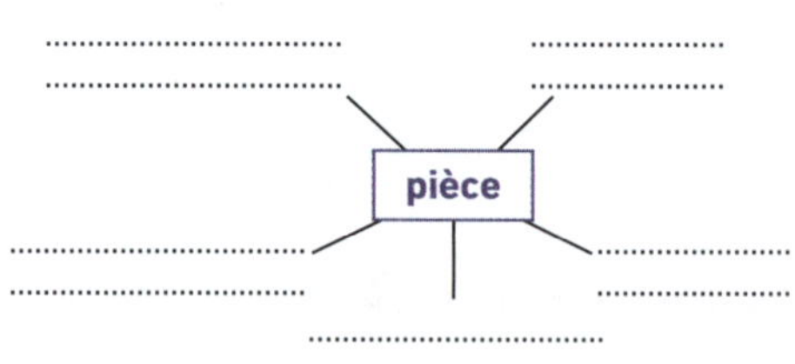

Je retiens

1. Un mot peut avoir plusieurs sens : c'est ce qu'on appelle la **polysémie** (du grec *poly-* : plusieurs ; *sémie* : sens).
2. Le **sens dénoté** du mot est celui qu'on trouve dans le **dictionnaire**. Il peut y avoir plusieurs sens dénotés : **sens propre** ou **figuré** (fondé sur un rapprochement imagé).
3. Le **sens connoté** d'un mot **dépend du contexte**. Il est fondé sur un sens reconnu par l'émetteur et par son destinataire. Il peut être **mélioratif** ou **péjoratif**.

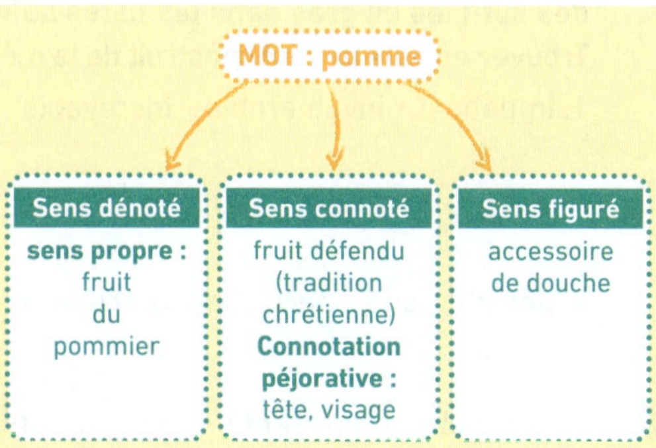

Mon exemple Écrivez les sens dénoté, connoté et figuré du mot *rouge*.

Sens dénoté : ....

Sens connoté : ....

Sens figuré : ....

Je m'exerce

Je distingue le sens des mots

4 * **Indiquez si chaque expression en gras est employée dans son sens propre ou figuré.**

1. Quelle **galère** ! Comment sortir de ces problèmes ?
❍ sens propre ❍ sens figuré

2. C'est vraiment **sa bonne étoile**, elle l'a aidé à chaque fois.
❍ sens propre ❍ sens figuré

3. Le boulanger verse la pâte à pain dans **le pétrin**.
❍ sens propre ❍ sens figuré

4. Elle a été élue **à la tête** de l'entreprise à l'unanimité.
❍ sens propre ❍ sens figuré

5 ** **Dans chaque groupe, surlignez les phrases qui utilisent le sens dénoté des mots en gras, soulignez celles qui en donnent le sens connoté.**

1. Ce sac est plus **léger** que le mien. • Le chat descend les marches d'un pas **léger**.
2. Il **se mêle** toujours de nos affaires. • Les fils détachés **se mêlent** les uns aux autres.
3. Cet homme est **grand.** • C'est un **grand** homme.

6 *** **Barrez l'intrus dans chaque liste.**

1. fertile • verdoyant • luxuriant • aride
2. détendu • reposé • mou • serein • apaisé
3. crasseux • reluisant • souillé • croupi

J'utilise des mots pour changer le sens de la phrase

7 ** **Réécrivez ces phrases en remplaçant les adjectifs péjoratifs par des mélioratifs.**

1. Nous avons vu un film *(effroyable)*. ....
2. La chambre qu'elle a louée est *(insalubre)*. ....
3. C'est un ami *(infidèle)*. ....
4. Ce *(détestable)* morceau a rencontré un grand succès. ....
5. Le voyage de retour a été *(plaisant)*. ....

8 *** **Cochez les trois cases qui correspondent à l'emploi de l'adjectif dans chaque expression.**

	Péjoratif	Mélioratif	Sens propre	Sens figuré	Sens dénoté	Sens connoté
une pierre d'une **rare** valeur						
un ouvrage d'une **rare** bêtise						
un **beau** scandale						
un **beau** site naturel						

Je joue avec le sens des mots

9 *** **En vous aidant d'un dictionnaire, employez chaque mot dans deux phrases.**
La première sera au sens propre, la seconde au sens figuré.

1. *Perdre* : ....
....
....

2. *Plumer* : ....
....
....

3. *Cœur* : ....
....
....

J'applique ce que j'ai appris pour écrire

Vous êtes d'humeur joyeuse, en promenade dans la campagne. Décrivez le paysage, en utilisant un vocabulaire connoté qui mettra aussi votre lecteur de très bonne humeur.

....
....
....
....
....
....
....
....

4 Les homonymes

Connaissances et compétences visées

Dans cette leçon, je vais apprendre à :

✓ Identifier les homonymes

✓ Résoudre les difficultés orthographiques posées par ces mots

J'observe et je manipule

1 a. Rayez la proposition erronée pour chaque couple de mots en gras.

> Cadette délaissée, **sa/ça** parure ne **ce/se** composait que de la dépouille de **ses/c'est** sœurs. Qu'on **se/ce** figure une petite fille maigre, trop grande pour **son/sont** âge, bras dégingandés, air timide […]. Je devins **sont/son** défenseur.
>
> D'après **F.-R. de Chateaubriand**, *Mémoires d'outre-tombe*, 1849.

b. Expliquez votre choix pour le dernier couple de mots, « *sont/son* *défenseur* ».

....

....

bilan **Quel est le point commun des mots en gras ? Comment les appelle-t-on ?**

....

....

2 Voici un ensemble de mots qui se prononcent [vɛʀ] :

ver • verre • vert • vair • vers (direction) • vers (poésie)

a. Deux mots ont une particularité commune. Soulignez-les.

b. Quel est ce point commun ?

❍ Ils s'écrivent de la même manière.

❍ Leur sens est identique.

c. Comment choisir parmi toutes ces orthographes, lorsque vous entendez [vɛʀ] ?

....

....

....

bilan **Expliquez la distinction entre les homonymes** *homophones* **et** *homographes*.

....

....

3 Pour chaque phrase, entourez le mot qui convient. Aidez-vous des questions en italique pour répondre.

1. Il chausse **ces** / **ses** skis avant de s'élancer sur la piste.

Les skis lui appartiennent-ils ? Si ce sont les siens, choisissez « ses ».

2. J'ai emprunté **à** / **a** mon voisin sa règle.

Peut-on remplacer « a » par l'imparfait « avait » ? Si c'est le cas, il s'agit bien d'un verbe : choisissez « a ».

bilan **Sur le modèle des deux questions en italique ci-contre, proposez-en une pour aider à orthographier cette phrase.**

De nos jours, les océans **son** / **sont** menacés par la pollution.

....

....

....

Je retiens

1. Les **homonymes se prononcent ou s'écrivent de la même façon** mais sont de sens différents.
2. Lorsqu'ils **se prononcent de la même manière**, on les appelle **homophones**.
3. Lorsqu'ils **s'écrivent exactement de la même manière**, on les appelle **homographes**.
4. Les principales difficultés orthographiques sont posées par les **homonymes grammaticaux**, qu'il faut analyser dans la phrase.

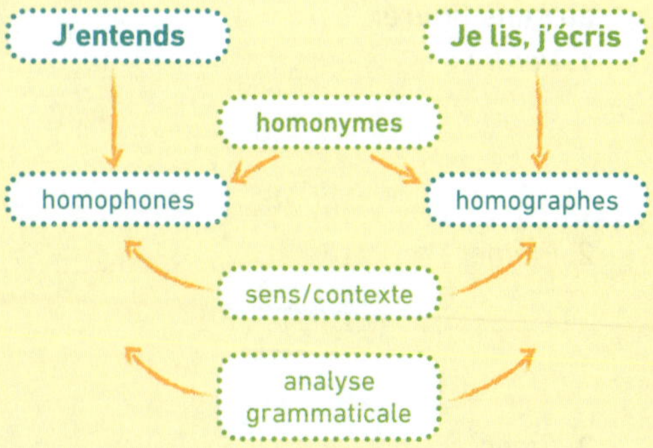

Mes exemples Citez une paire d'homonymes.

Homonymes : ....

Je m'exerce

J'identifie des homonymes

4 * **En vous aidant du contexte, complétez chaque phrase avec l'un de ces mots :**
tint • teint • thym • teint ORTHO

1. Le .... et le serpolet sont des herbes aromatiques.
2. J'ai .... en bleu ce vêtement, je le préfère ainsi.
3. Il .... à se rendre en personne sur le lieu du drame.
4. La carotte est un légume qui garantit un bon .... grâce à ses vitamines.

5 ** **Pour chaque phrase, entourez la forme qui convient.** ORTHO

1. **C'est / S'est** moi qui ai écrit ce poème !
2. Elle **s'est / c'est** promis de gravir l'Everest avant **ses / ces** trente ans.
3. **Sa / Ça** alors ! Il oublie **ses / ces** propres affaires.
4. Fière de son succès, elle l'annonce à **sa / ça** tante.

6 a. ** **Surlignez les homophones dans ce texte.**
Elle a une allergie à la poussière. Elle a acheté ce pot de crème pour la peau à la pharmacie. Elle doit se passer un peu de ce produit sur le visage, chaque soir.

b. ** **Y a-t-il des homographes dans le texte ?**
❍ Oui : *peau* et *pot* ; *a* et *à* ; *se* et *ce*.
❍ Non, il n'y en a pas.

J'utilise les homophones

ORTHO

7 ** **Complétez chaque phrase avec l'un des mots suivants :** c'est • s'est • sait • ces • ses.

1. .... grave, les pneus sont tout à plat.
2. On ne .... pas ce qui s'est passé.
3. Le garagiste .... empressé de les remplacer à l'aide de .... outils personnels.
4. .... nouveaux pneus seront plus solides.

8 *** **Dans le texte, rayez les homophones qui ne conviennent pas.**

La **mer / mère** Guillette habitait une chaumière fort pauvre **a de / à deux** portées de fusil de la ferme. **Mais / met** c'**été / était** une femme d'ordre et de volonté. **Sa / ça** pauvre maison **était / été** propre **et / aie** bien tenue, **est / et ces / ses** vêtements rapiécés avec soin annonçaient le respect de **soit / soi**-même au milieu de la détresse.

D'après **G. Sand**, *La Mare au diable*, 1846.

Je compose des phrases avec des homophones

ORTHO

9 ** **À vous de construire des phrases avec les homophones suivants.**

a. *se*/*ce*
• *se* : ....
• *ce* : ....

b. *ou*/*où*
• *ou* : ....
• *où* : ....

c. *a*/*à*
• *a* : ....
• *à* : ....

d. *la*/*l'a*
• *la* : ....
• *l'a* : ....

J'applique ce que j'ai appris pour écrire

Rédigez une astuce pour différencier chacune de ces paires d'homophones grammaticaux.

1. à / a : ....
....
....

2. ai / est : ....
....
....

3. mais / mes : ....
....
....

5 Le vocabulaire du théâtre et du roman

Connaissances et compétences visées

Dans cette leçon, je vais apprendre à :

✔ Identifier les mots du théâtre et du roman
✔ Comprendre le sens de ces mots
✔ Savoir les utiliser

J'observe et je manipule

1 a. Classez ces mots dans le tableau ci-contre.

chapitres • actes • dialogues • descriptions • didascalies • paroles rapportées • comédien-ne-s • public • lecteur-lectrice • romancier-ère • comédie • tragédie

Roman	Théâtre

b. Qu'est-ce qui différencie le roman du théâtre ? ....

....

2 a. Parmi ces titres de pièces de théâtre, entourez l'intrus.

Le Commissaire est bon enfant
Œdipe roi
On purge bébé !
Les Joyeuses Commères de Windsor
Le Malade imaginaire

b. Justifiez votre réponse. ....

bilan Que peut-on encore déduire du titre d'une pièce de théâtre ? ....

....

....

....

3

Athos héberge d'Artagnan pour la nuit. Les deux amis ne se sont pas vus depuis vingt ans.

D'Artagnan avait entendu se fermer les portes et les volets […] ; il ne se faisait plus dans le château qu'un bruit de pas égal et monotone au-dessous de sa chambre ; il supposait que c'était la chambre d'Athos.

– Il se promène et réfléchit, pensa d'Artagnan, mais à quoi ? C'est ce qu'il est impossible de savoir. On pouvait deviner le reste, mais non pas cela.

Enfin, Athos se mit au lit sans doute, car ce dernier bruit s'éteignit.

A. Dumas, *Vingt ans après*, 1845.

a. Délimitez la narration à l'aide de crochets.

b. Entourez un passage descriptif.

c. Surlignez les passages qui montrent que l'on se place du point de vue du héros et que l'on accède à ses pensées.

d. Soulignez le passage au discours direct.

bilan Quelles sont les caractéristiques du texte romanesque ?

....

....

....

Je retiens

1. Une pièce de **théâtre** est le plus souvent **écrite pour être jouée** par des comédien-ne-s devant un public. Les deux genres principaux du théâtre sont **la comédie** (situations qui font rire, sujets de la vie quotidienne, dénouement heureux) et **la tragédie** (personnages nobles victimes du destin, dénouement malheureux).
2. **Un roman** est généralement **écrit pour être lu**. Le récit est assumé par un **narrateur**, qui raconte les actions des **personnages**.

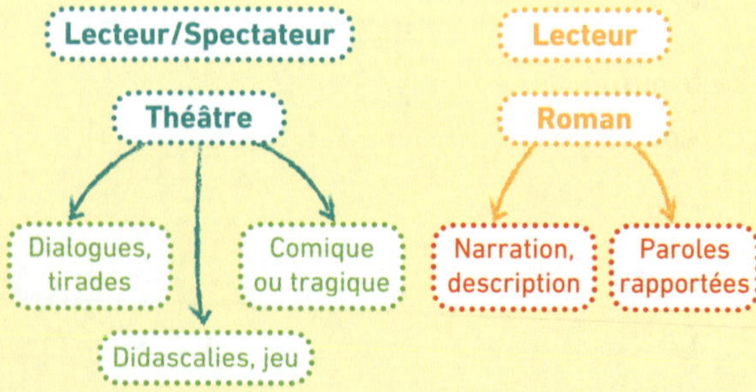

Mes exemples Donnez le titre d'un roman que vous avez lu, puis celui d'une pièce de théâtre.

1. ....

2. ....

Je m'exerce

J'identifie les éléments du roman et du théâtre

4 ** Associez chaque situation théâtrale au type de discours qui vous parait le mieux adapté.

Dispute •	• Tirade
Aveu •	• Dialogue
Quiproquo •	• Monologue
Dilemme •	
Déclaration amoureuse •	

5 ** Distinguez la réplique théâtrale de la parole rapportée romanesque.

1. LOMOF. – Tout de suite. M'y voilà. *(Précipitamment.)* Je suis venu vous demander la main de votre fille Natalia […]. (**A. Tchekhov**) ❍ théâtre ❍ roman

2. – Vertubleu ! cria Porthos […], vous êtes donc enragé, de vous jeter comme cela sur les gens ! (**A. Dumas**) ❍ théâtre ❍ roman

Je repère et j'utilise les techniques romanesques et théâtrales

6 a. * Soulignez les verbes de la description et surlignez ceux des passages narratifs.

C'était une ferme de bonne apparence […]. La cour allait en montant, plantée d'arbres symétriquement espacés, et le bruit gai d'un troupeau d'oies retentissait près de la mare.
Une jeune femme, en robe de mérinos bleu garnie de trois volants, vint sur le seuil de la maison pour recevoir M. Bovary.

G. Flaubert, *Madame Bovary*, 1857.

b. ** Comment les avez-vous distingués ?

……………………………………………………………

……………………………………………………………

7 a. * Dans l'extrait suivant, surlignez la didascalie.

b. * Réécrivez la réplique en donnant la parole aux citoyens. Ajoutez une seconde didascalie.**

L'ÉTUDIANT. – Citoyens, venez ici ; on méconnaît vos droits, on insulte le peuple. (*Un grand tumulte.*)

A. de Musset, *Lorenzaccio*, 1834.

……………………………………………………………

……………………………………………………………

……………………………………………………………

……………………………………………………………

……………………………………………………………

……………………………………………………………

……………………………………………………………

……………………………………………………………

……………………………………………………………

8 * Réécrivez le récit ci-dessous sous forme de scène de théâtre. Pensez aux didascalies, aux noms des personnages et à la ponctuation.** BREVET

L'élève s'exclama, essoufflé : « Je suis en retard ! J'espère que le professeur sera indulgent… » Il frappa à la porte de la classe.
« Bonjour, désolé, haleta-t-il, je suis…
– En retard, oui, répondit le professeur. »

Je transforme un texte de théâtre BREVET

9 * Transformez les didascalies et les répliques en brève narration.**

(Martin entre et jette son manteau par terre.)
LA TANTE. – Martin, je t'ai demandé un million de fois d'accrocher ton manteau à la patère ! Quel mauvais sujet !
MARTIN, *d'un ton insolent.* – Oui, ma tante !

……………………………………………………………

……………………………………………………………

……………………………………………………………

……………………………………………………………

……………………………………………………………

……………………………………………………………

J'applique ce que j'ai appris pour écrire

Écrivez la dictée lue par votre enseignant-e. Relisez-vous.
Aide : Peuples.

……………………………………………………………

……………………………………………………………

……………………………………………………………

……………………………………………………………

……………………………………………………………

……………………………………………………………

……………………………………………………………

……………………………………………………………

……………………………………………………………

……………………………………………………………

6 Le vocabulaire de la poésie

Connaissances et compétences visées

Dans cette leçon, je vais apprendre à :
- ✔ Connaitre les caractéristiques de la poésie
- ✔ Utiliser le vocabulaire technique de la poésie

J'observe et je manipule

1 a. Dans ces trois extraits de poèmes, surlignez chaque rime.

Gothique donjon
Et flèche gothique,
Dans un ciel d'optique,
Là-bas, c'est Dijon.
A. Bertrand, *Gaspard de la Nuit*, 1842.

Le bleu matin
Fait pâlir les étoiles.
Dans l'air lointain
La brume a mis ses voiles.
Ch. Cros, « Romance », *Le Coffret de santal*, 1879.

Puisque ce monde existe, il sied qu'on le tolère.
Sachons considérer les êtres sans colère.
V. Hugo, « Le Soutien des empires », *Les Quatre Vents de l'esprit*, 1881.

b. Identifiez la structure de chaque extrait.

- **Poème d'Aloysius Bertrand :**
❍ rimes croisées ❍ rimes suivies ❍ rimes embrassées
- **Poème de Charles Cros :**
❍ rimes croisées ❍ rimes suivies ❍ rimes embrassées
- **Poème de Victor Hugo :**
❍ rimes croisées ❍ rime suivie ❍ rimes embrassées

bilan **Pourquoi, en poésie, peut-on parler de rythme et de musique de la langue ?**

....

....

2 a. Combien de syllabes chaque vers contient-il ?

1. S'il ne te faut, ma sœur chérie,
Qu'un baiser d'une lèvre amie (**A. de Musset**)
❍ 7 ❍ 8 ❍ 10 ❍ 12

2. Je veux mourir pour le brun de ce teint
Pour cette voix, dont le beau chant m'étreint (**P. de Ronsard**)
❍ 7 ❍ 8 ❍ 10 ❍ 12

3. Les hommes ont la force, et tout devant eux croule ;
Ils sont le peuple, ils sont l'armée, ils sont la foule ; (**V. Hugo**)
❍ 7 ❍ 8 ❍ 10 ❍ 12

b. À quel extrait correspond chaque type de vers ?

octosyllabe : .... • décasyllabe : .... • alexandrin : ....

c. Lisez à haute voix l'extrait 3 ci-contre en tenant compte de la ponctuation.

bilan **Quel est l'effet produit par le changement de rythme ?**

....

....

....

3 Associez chacun de ces vers de Baudelaire aux figures de style qu'il utilise.

1. Ma jeunesse ne fut qu'un ténébreux orage. •
2. Le Temps mange la vie. •
3. Je suis comme le roi d'un pays pluvieux. •
4. Partout l'homme subit la terreur du mystère. •
5. Je vais m'exercer seul à ma fantasque escrime. •

• métaphore
• assonance
• allitération
• comparaison
• allégorie

bilan **Qu'a de particulier la langue des poètes ?**

....

....

....

....

Je retiens

1. La poésie est avant tout **musique** et **rythme**.
2. Elle fait appel à **l'imagination** du lecteur par des **images** et différentes figures de style.
3. Elle fait entendre la **voix singulière** du poète et propose la vision d'un univers nouveau ou d'un quotidien renouvelé.

Poème → Une musique, un rythme
Poème → Des images
Poème → Une voix singulière, un langage créateur

Mes exemples Notez ici des expressions issues de poèmes, qui vous frappent par leur musicalité, leur bizarrerie, ou qui stimulent votre imaginaire.

1. .... **2.** .... **3.** ....

Je m'exerce

J'identifie les caractères spécifiques de la poésie

4 a. * Surlignez les allitérations (sons consonnes répétées).

Ah ! quand les vents de l'automne
Sifflent dans les rameaux morts,
Quand le brin d'herbe frissonne

A. de Lamartine, « Pensées des morts », *Harmonies poétiques et religieuses*, 1860.

b. ** À quoi le son répété vous fait-il penser ?

....

....

5 ** Voici deux extraits d'« Un hémisphère dans une chevelure » de Charles Baudelaire (1869). Quelles sont les figures utilisées ?

1. Laisse-moi respirer [...] l'odeur de tes cheveux, y plonger tout mon visage, comme un homme altéré dans l'eau d'une source.

❍ la personnification ❍ la comparaison

2. Dans l'océan de ta chevelure, j'entrevois un port fourmillant.

❍ la métaphore ❍ la comparaison

J'étudie les effets des procédés poétiques

6 * Cochez dans la liste ci-dessous les procédés qui permettent au poète d'exprimer ses sentiments.

Que le tour du soleil ou commence ou s'achève,
D'un œil indifférent je le suis dans son cours ;
En un ciel sombre ou pur qu'il se couche ou se lève,
Qu'importe le soleil ? je n'attends rien des jours.

A. de Lamartine, « L'isolement », *Méditations poétiques*, 1820.

❐ question ❐ oppositions ❐ métaphore
❐ anaphore ❐ assonances ❐ périphrase

7 * Dans cet extrait, pourquoi l'association des mots qui riment est-elle surprenante ?**

Matin moqueur,
Au dehors tout est rose.
Mais dans mon cœur
Règne l'ennui morose.

Ch. Cros, « Romance », *Le Coffret de santal*, 1879.

....

....

....

....

8 * Voici un extrait du poème « Après le bal » de Théophile Gautier.**

a. Surlignez la métaphore, soulignez les comparaisons et entourez l'allégorie.

Ô Temps ! que nous voulons tuer et qui nous tues,
Vieux porte-faux, pourquoi vas-tu traînant le pied,
D'un pas lourd et boiteux, comme vont les tortues

b. Quels sentiments suscitent ces figures de style chez le lecteur ? ....

J'utilise la langue poétique — ORTHO

9 * a. Complétez ces vers avec des mots de votre choix pour exprimer des sensations (toucher, gout, odorat, ouïe, vue). Faites bien attention aux accords et aux rimes.**

Par les soirs .... d'été, j'irai dans les sentiers,
.... par les blés, fouler l'herbe menue :
Rêveur, j'en sentirai la .... à mes pieds.
Je laisserai le vent .... ma tête nue !

D'après **A. Rimbaud**, « Sensation », *Poésies*, 1870.

b. Évoquez les sensations d'une promenade au bord de la mer. Proposez des images qui stimulent l'imagination du lecteur.

J'applique ce que j'ai appris pour écrire

Trouvez la signification des métaphores suivantes :

1. « l'or du soir » : ....

....

2. en coup de vent : ....

....

3. un panier percé : ....

....

4. un vieux renard : ....

....

5. dévorer du regard : ....

....

7 Vocabulaire et figures de style : insister et exagérer

Connaissances et compétences visées

Dans cette leçon, je vais apprendre à :
- ✔ Identifier les figures de l'insistance et de l'exagération
- ✔ Manipuler ces figures pour transmettre des émotions

J'observe et je manipule

1 a. Associez chaque expression à la figure de style qui lui correspond.

1. Je vais, je cours, je vole ! •
2. Je suis mort de froid. •
3. Mille fois merci de votre aide. •
4. Je t'aime un peu, beaucoup, passionnément. •
5. Paul est mince, Moussa est svelte. •

• parallélisme
• exagération (hyperbole)
• gradation

b. La phrase 4 progresse :

❍ du plus intense vers le moins intense. ❍ du moins intense vers le plus intense.

bilan Quel effet provoque-t-elle sur le lecteur ? ....

....

2

Camille s'adresse à son frère qui vient de tuer celui qu'elle aime, au nom de la gloire de Rome.

CAMILLE. – Rome, l'unique objet de mon ressentiment !
Rome, à qui[1] vient ton bras d'immoler mon amant !
Rome qui t'a vu naître, et que ton cœur adore !
Rome enfin que je hais parce qu'elle t'honore.

P. Corneille, *Horace*, 1640.

1. pour qui.

a. Encadrez le terme mis en valeur dans ce passage.

b. Quelle est la figure de style employée ici ?

❍ parallélisme ❍ anaphore ❍ gradation

c. Montrez que ce terme est le nom noyau de chaque phrase. ....

....

....

bilan Montrez que, pour Camille, Rome devient une obsession. ....

....

3

Je m'en vais vous mander la chose la plus étonnante, la plus surprenante, la plus merveilleuse, la plus miraculeuse, […] la plus incroyable, la plus imprévue, la plus grande, la plus petite, la plus rare, la plus commune, la plus éclatante, la plus secrète jusqu'aujourd'hui, la plus brillante, la plus digne d'envie : […] M. de Lauzun épouse dimanche au Louvre, devinez qui ? […] il épouse Mademoiselle, ma foi, par ma foi ! ma foi jurée !

Mme de Sévigné, *Lettres*, 1670.

a. Relevez une figure d'insistance dans le texte ci-contre : ....

b. Soulignez les mots appartenant au champ lexical de l'émerveillement. Quel effet leur accumulation produit-elle ? ....

bilan Que ressent le lecteur ? Plusieurs réponses sont possibles.

❒ De la joie ❒ De l'ennui ❒ De la curiosité
❒ De la tristesse ❒ De la surprise

Je retiens

1. Les procédés de l'**exagération** et de l'**insistance** se trouvent dans tous les genres littéraires, en particulier dans l'**éloge** qui vante des qualités ou le **blâme** qui dénonce des défauts.
2. Ces procédés d'écriture servent à **souligner une idée** ou une phrase importante, grâce à des figures de style comme la **répétition** et l'**accumulation**, ou à un vocabulaire exprimant l'**intensité**.

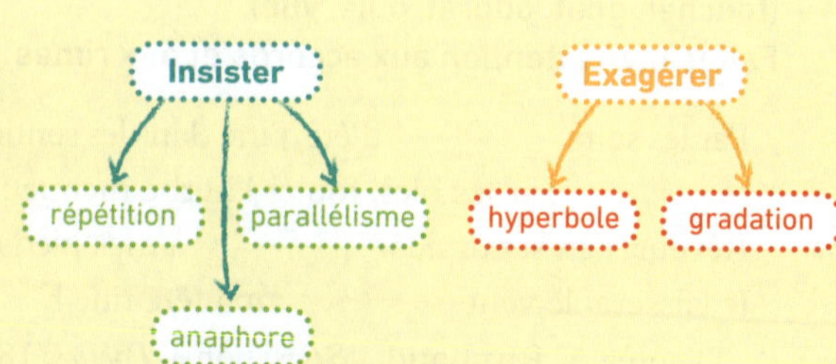

Mes exemples Faites une phrase avec une figure d'insistance, une autre avec une figure d'exagération.

1. ....
2. ....

Je m'exerce

Je repère les figures de style de l'insistance et l'exagération

4 * **Dans ces phrases, entourez la figure d'insistance et soulignez la figure d'exagération.**

1. La musique est vraiment trop forte, il faut baisser le volume.
2. J'ai vu, de mes yeux vu, le tableau le plus magnifique qui soit au monde !
3. Ce moteur hyperpuissant permet d'atteindre une vitesse incroyable.

5 ** **Quelles sont les figures de style employées dans les citations suivantes ? Plusieurs réponses sont possibles.**

1. Il faut manger pour vivre et non pas vivre pour manger. (**Molière**)

❐ le chiasme ❐ la métaphore ❐ la gradation

2. Je veux sans que la mort ose me secourir
Toujours aimer, toujours souffrir, toujours mourir.
(**P. Corneille**)

❐ l'anaphore ❐ la répétition ❐ la gradation

3. Dans des ruisseaux de sang
Troie ardente plongée (**J. Racine**)

❐ la répétition ❐ l'hyperbole ❐ la gradation

6

Avant de connaître Thérèse, Laurent avait la lourdeur, le calme prudent, la vie sanguine d'un fils de paysan. Il dormait, mangeait, buvait en brute.

É. Zola, *Thérèse Raquin*, 1867.

a. * **Quelle figure de style domine dans ce texte ?**

....

b. ** **Qu'exprime-t-elle ?** ....

....

....

J'utilise les figures de style et le vocabulaire de l'insistance et de l'exagération

7 ** **Réécrivez le texte de l'exercice 6 en faisant l'éloge de Laurent.** BREVET

....

....

....

....

....

8 ** **Complétez ce texte avec des mots du vocabulaire de l'insistance.**

Gus était ravi .... de partir en vacances en famille. Sa mère, son père et sa sœur étaient .... entrés dans la voiture .... pour partir sur les routes du Sud. Ils arrivèrent dans la .... maison des grands-parents : les .... vacances commençaient !

Je joue avec les figures de style

9 * **Complétez ces phrases pour signifier l'exagération.**

1. J'ai une faim ....

2. Elle a tellement envie d'aller à New York qu'elle

....

3. Ce soir je vais me coucher tôt car

....

10 *** **« Qui vole un œuf vole un bœuf. »**
En imitant ce proverbe, inventez-en un en utilisant un parallélisme. BREVET

....

....

....

J'applique ce que j'ai appris pour écrire

Débat : faut-il utiliser ou non les tablettes tactiles à l'école ? Essayez de convaincre votre lecteur en utilisant deux figures d'insistance ou d'exagération.

....

....

....

....

....

....

....

....

....

8 Vocabulaire et figures de style : juger, s'opposer, s'engager

Connaissances et compétences visées

Dans cette leçon, je vais apprendre à :

- ✔ Utiliser les procédés qui permettent de mettre en valeur des idées personnelles
- ✔ Identifier différents points de vue

J'observe et je manipule

1 a. Lisez le texte ci-dessous.

Ô malheureux mortels ! ô terre déplorable !
Ô de tous les mortels assemblage effroyable !
D'inutiles douleurs éternel entretien !
Philosophes trompés qui criez : « Tout est bien »
Accourez, contemplez ces ruines affreuses,
Ces débris, ces lambeaux, ces cendres malheureuses [...].

Voltaire, « Poème sur le désastre de Lisbonne », 1756.

b. Parmi ces affirmations concernant le texte de Voltaire, barrez celles qui sont fausses.

1. Voltaire plaint les sinistrés / reste indifférent.

2. Ce texte est un éloge / un blâme.

3. Voltaire s'engage personnellement / reste neutre dans ce poème.

c. Surlignez dans le texte les termes qui montrent l'indignation de l'auteur.

2 Reliez chaque phrase au point de vue qui lui correspond.

1. Tout le monde croit qu'il est coupable, mais l'avocat maintient qu'il est innocent. •

2. Je promets solennellement de lutter contre la corruption. •

3. Je crois fermement que j'atteindrai le but, parce que j'en suis capable. •

4. Il faut être honnête sinon renoncer à tout respect de soi. •

• Affirmation

• Opposition

• Engagement

3 Classez les expressions en fonction de leur emploi.

Je pense que... • Je jure de... • Je nie que... • Je refuse... • Nous rejetons... • Nous prenons la résolution de... • Nous croyons que... • J'estime que... • Nous soutenons...

	S'opposer	Affirmer	S'engager
Verbes introduisant une idée personnelle			

4 Associez chaque thème à l'argument et à l'exemple qui lui correspondent.

Thème	Argument	Exemple
Le réchauffement climatique •	• La survie de la planète est menacée par l'activité humaine. •	• Des milliers d'enfants travaillent dans des mines.
Le travail des enfants •	• Faire travailler un enfant, c'est le priver d'instruction. •	• Certaines îles risquent d'être englouties si les eaux montent.

Je retiens

1. On exprime **son jugement** à l'aide d'un lexique précis et de procédés de style. Certains verbes expriment une prise de position personnelle : *je pense, j'affirme, je refuse, je nie...*

2. On **s'oppose** en utilisant **la négation**.
Pour souligner le contraste de deux idées, on peut recourir à **l'antithèse** (opposition entre deux idées ou deux mots).

3. En exprimant son avis et ses idées, on **s'engage** par la présence de la **1re personne** dans son discours, mais aussi par certaines formes d'adresse à ses auditeurs : *chers amis, nous devons, il vous faut...*

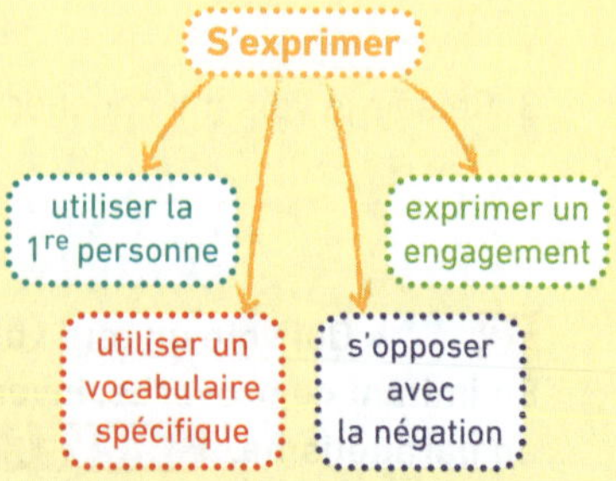

Mes exemples Dressez une liste de 5 verbes permettant d'introduire un jugement.

Je m'exerce

J'identifie les verbes qui traduisent un engagement

4 * **Encadrez les verbes et expressions qui introduisent une prise de position.**

Les uns soutiennent que l'écologie coute cher. D'autres allèguent qu'elle permet des économies. D'autres encore maintiennent que son rôle est capital. Certains en mettraient leur main au feu : sans elle, pas d'avenir.

5 ** **Complétez les phrases avec le verbe qui convient :** proclamer • manifester • protester • prouver.

1. L'accusé .... qu'il n'est pas coupable.
2. Les avocats .... son innocence.
3. Le juge .... la liberté du prévenu.
4. La foule .... sa joie de voir la vérité établie.

Je construis des oppositions

6 ** **Écrivez les mots antithétiques (opposés).**

1. bénéfique : ....
2. séduisant : ....
3. banal : ....
4. réalisable : ....

7 * **Insérez une négation pour changer le sens de la phrase.**

1. Celui qui parle le plus fort .... a .... raison.
2. Je crois que ce discours .... convaincra .... la foule.

8 ** **Écrivez le contraire des phrases proposées, en utilisant une antithèse.**

1. Ce discours expose la vérité point par point. → ....
2. La déclaration est acceptée avec enthousiasme. → ....
3. Un article de cette force doit être salué. → ....

J'utilise les marques personnelles de l'engagement

9

Au moment d'être admis(e) à exercer la médecine, je promets et je jure d'être fidèle aux lois de l'honneur et de la probité. [...] Je respecterai toutes les personnes, leur autonomie et leur volonté [....]. Je donnerai mes soins à l'indigent et à quiconque me les demandera. [...] Que les hommes et mes confrères m'accordent leur estime si je suis fidèle à mes promesses ; que je sois déshonoré(e) et méprisé(e) si j'y manque.

Conseil national de l'Ordre des médecins, « Serment d'Hippocrate », 2012.

a. * **Recherchez le sens du mot « serment ».**

b. * **Dans le texte ci-contre, surlignez les marques de la première personne.**

c. ** **Pourquoi sont-elles si importantes ?**

....

Je prépare la dictée BREVET

10 a. *** **Écrivez la dictée lue par votre enseignant-e. Relisez-vous. Aide :** *chimère, cloaque.*

....

b. *** **Quelle figure de style structure tout le texte ?**

....

J'applique ce que j'ai appris pour écrire

Écrivez un très bref discours pour défendre une cause qui vous importe. Mobilisez un maximum de procédés liés au jugement et à l'engagement.

....

9 Parler de soi

Connaissances et compétences visées

Dans cette leçon, je vais apprendre à :

- ✔ Décrire ma personne et ma personnalité
- ✔ Évoquer mes pensées, mes sentiments, mes sensations

J'observe et je manipule

1

Je suis vêtue d'une robe légère, soyeuse, mais aux couleurs plutôt tristes pour une robe d'été : des motifs d'un bleu sombre sur un fond grisâtre […], et je souris. Un sourire difficile à définir, à la fois fatigué et content, dépourvu de gaieté, et cependant triomphant.

Sylvie Weil, *Selfies*,
© Éditions Buchet-Chastel, 2015.

a. **Surlignez les expressions qui renvoient à l'aspect physique de la narratrice.**

b. **Soulignez les expressions qui renvoient à son état d'esprit.**

bilan **Faites le lien entre l'extrait et le titre du recueil dont il est tiré.**

....

....

2

frissons amour

jugement

peau convictions

joie

Quels sont les moyens dont nous disposons pour exprimer nos sentiments, nos pensées, nos sensations ? Pour répondre, légendez ce schéma en vous inspirant des mots ci-contre.

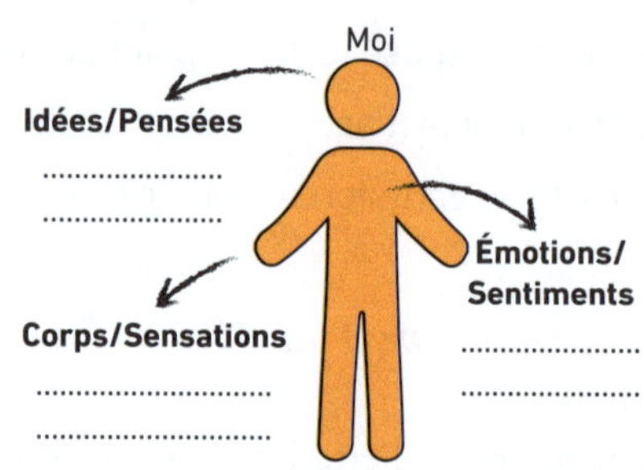

3 **Dans la liste ci-dessous, soulignez les sentiments et entourez les sensations.**

chatouillis • dépit • agacement • frémissement • doute • fureur • tremblement • démangeaison • volonté • piqure • espoir • morsure • frisson • frayeur

bilan **Comment peut-on distinguer les sensations des sentiments ?** ....

....

Je retiens

Pour **parler de soi**, on peut utiliser quatre grands champs lexicaux :

1. le **corps** : l'aspect physique et les sensations ;
2. les **émotions et sentiments** ;
3. les **idées** : convictions, opinions, gouts, par exemple politiques, morales, artistiques ;
4. le récit d'une **histoire personnelle**.

Que dire de « moi » ?

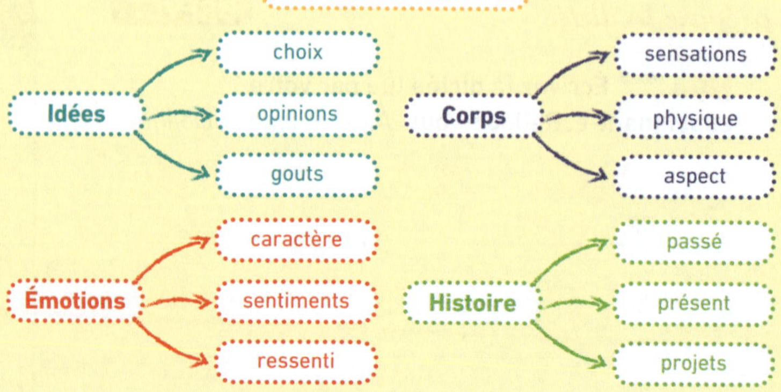

Mes exemples Faites brièvement votre portrait du jour en associant, sans réfléchir, un mot à chaque champ lexical.

1. Corps/Sensations : .... **2.** Émotions/Sentiments : ....

3. Idées/Pensées : ....

Je m'exerce

J'explore le champ lexical du corps et des émotions

4 * **Voici des métaphores qui mettent le corps en jeu. Reliez chacune à sa signification.**

1. « avoir du cœur » •	• être prétentieux
2. « avoir la grosse tête » •	• résister aux attaques
3. « avoir bon pied bon œil » •	• être généreux
4. « ne pas céder d'un pouce » •	• être en bonne condition physique

5 ** **Répondez aux questions suivantes.**

À quels animaux le corps humain est-il associé :

1. quand il est poilu ?	❍ un *singe*	❍ un tapir
2. quand il est fort ?	❍ un cerf	❍ un *lion*
3. quand il est souple ?	❍ un chat	❍ un ver
4. quand il est rapide ?	❍ un chien	❍ une gazelle

6 ** **Numérotez ces émotions en fonction de leur intensité** (1 pour la plus faible, 4 pour la plus violente).

1. ...... peur • ...... terreur • ...... souci • ...... frayeur

2. ...... contrariété • ...... colère • ...... fureur • ...... agacement

3. ...... gaité • ...... exultation • ...... joie • ...... jubilation

J'explore le champ lexical des idées

7 * **Associez chacun de ces trois champs lexicaux à un groupe de mots.**

la religion — les arts — la politique

1. musique • peinture • danse • musées : ....

2. foi • croyance • témoignage • prière : ....

3. débat • arguments • discours • meetings : ....

8 ** **Barrez l'intrus dans chaque liste.**

1. gauche • droite • centre • croyant

2. corruption • justice • équité • droiture

3. recevable • acceptable • inepte • pensable

4. bon • louable • admirable • infâme

9 ** **Reliez chaque mot à son champ lexical.**

1. tabou •	
2. laid •	
3. agréable •	• la morale
4. norme •	
5. tolérer •	• le gout
6. beau •	

J'exprime des sentiments nuancés

BREVET

10 *** **Réécrivez cette phrase à la première personne du singulier, puis poursuivez la description en utilisant des images pour transmettre des sentiments.**

Cette lettre le fit exploser de joie,

....

....

....

....

....

....

....

....

J'applique ce que j'ai appris pour écrire

Réécrivez le texte au présent de l'indicatif, en remplaçant « *il* » par « *je* ». Faites tous les changements nécessaires.

Il se couchait, puis se redressait, s'effaçait dans un coin de porte, puis bondissait, disparaissait, reparaissait, se sauvait, revenait, ripostait à la mitraille par des pieds de nez, et cependant pillait les cartouches, vidait les gibernes et remplissait son panier.

V. Hugo, *Les Misérables*, 1862.

....

....

....

....

....

10 Agir dans la cité : vocabulaire de l'engagement

Connaissances et compétences visées

Dans cette leçon, je vais apprendre à :

✔ Connaitre le vocabulaire de l'engagement

✔ Utiliser les figures qui permettent de faire partager ses idées

J'observe et je manipule

1 Associez chaque expression à l'étiquette qui lui correspond.

1. Un mauvais conseiller •
2. Une histoire drôle •
3. Une corvée pénible •
4. Un intérieur sale •
5. Une bonne soupe chaude •

• expression péjorative

• expression méliorative

bilan Proposez à votre tour :

– trois adjectifs péjoratifs :

.... • .... • ....

– trois adjectifs mélioratifs :

.... • .... • ....

2 *Victor Hugo, après avoir évoqué devant les députés de nombreux cas de misère très choquants, exhorte son auditoire à agir.*

Vous n'avez rien fait, tant qu'il y a au-dessous de vous une partie du peuple qui désespère ! [...] tant qu'on meurt de faim dans nos villes, tant qu'il n'y a pas des lois fraternelles, des lois évangéliques qui viennent de toutes parts en aide aux pauvres familles honnêtes, aux bons paysans, aux bons ouvriers, aux gens de cœur ! [...] Vous avez fait des lois contre l'anarchie, faites maintenant des lois contre la misère !

V. Hugo, *Discours contre la misère*, 1849.

a. Surlignez les expressions qui font appel aux émotions de l'auditoire.

b. Encadrez les expressions qui interpellent directement l'auditoire.

bilan Qu'en concluez-vous sur la manière dont le député Victor Hugo tente de convaincre son auditoire ?

....

....

....

3 *Dans* La Peste, *Albert Camus évoque le comportement des habitants d'une ville pendant une épidémie mortelle.*

Beaucoup de nouveaux moralistes dans notre ville allaient alors, disant que rien ne servait à rien et qu'il fallait se mettre à genoux. Et Tarrou, et Rieux, et leurs amis pouvaient répondre ceci ou cela, mais la conclusion était toujours ce qu'ils savaient : il fallait lutter de telle ou telle façon et ne pas se mettre à genoux. Toute la question était d'empêcher le plus d'hommes possible de mourir [...]. Il n'y avait pour cela qu'un seul moyen qui était de combattre la peste.

A. Camus, *La Peste*, © Éditions Gallimard, 1947.

a. Surlignez deux expressions qui résument les deux attitudes possibles face à l'épidémie.

b. Entourez les verbes qui expriment l'idée de résistance.

c. À votre avis, le narrateur est du côté :

❍ de Rieux, Tarrou et leurs amis.

❍ des « *nouveaux moralistes* ».

bilan Quels procédés l'auteur utilise-t-il pour rallier le lecteur à son point de vue ?

❒ l'insistance ❒ la gradation

❒ le suspense ❒ l'éloge

❒ le blâme ❒ l'opposition

Je retiens

L'expression orale ou écrite permet de **partager** avec d'autres ses convictions.

On utilise alors plusieurs outils :

1. les **champs lexicaux** ;
2. les **marqueurs de jugement** ;
3. les procédés qui permettent d'impliquer les destinataires et d'obtenir leur accord : **figures de style**, **adresse** au lecteur ou à l'auditoire. On peut **convaincre** son interlocuteur avec des arguments qui font appel à la raison ou bien le **persuader** en touchant sa sensibilité.

S'engager pour ses idées
↓
Choisir un thème (champ lexical)
↓
Prendre la parole
↓
Faire changer d'avis, persuader, convaincre, pousser à agir

Mes exemples Défendez, en deux phrases, un-e ami-e puni-e, en utilisant les sentiments de l'auditoire, puis en s'adressant à l'auditoire.

1. ....

2. ....

Je m'exerce

Je repère les marques du discours engagé

4 * Dans ces phrases, surlignez les expressions péjoratives et soulignez les expressions mélioratives.

1. Je veux que mes chers parents soient fiers de moi.
2. Le lâche ! Il a attaqué sans prévenir son adversaire. C'est honteux !
3. Sa coquille de noix de bateau n'a pas empêché l'intrépide navigateur de gagner la course.

5 ** Dans ces citations, distinguez l'appel à la raison et l'appel aux émotions.

1. Je crois que deux et deux sont quatre, Sganarelle. (**Molière**) ❍ raison ❍ émotions
2. Tu me fends l'âme. Quoi ! pas un souvenir, Camille ? pas un battement de cœur pour notre enfance, pour tout ce pauvre temps passé, si bon, si doux [...] ? (**A. de Musset**) ❍ raison ❍ émotions

J'utilise les techniques du discours engagé

6 * Complétez le texte avec les pronoms *je*, *vous* **et le déterminant possessif** *notre*.

Par son discours à l'Assemblée, Robert Badinter obtient l'abolition de la peine de mort.

Demain, grâce à ...., la justice française ne sera plus une justice qui tue. Demain, grâce à ...., il n'y aura plus, pour .... honte commune, d'exécutions [...]. Demain, les pages sanglantes de .... justice seront tournées. [...] Législateurs français, de tout mon cœur, ... vous en remercie.

R. Badinter, *Discours pour l'abolition de la peine de mort*, 1981.

7 * Continuez ce texte par une série de questions faisant appel à la raison et aux émotions.**

Comme tu peux t'en douter, on se demande souvent ici avec désespoir : « À quoi bon, oh à quoi bon cette guerre, pourquoi les gens ne peuvent-ils vivre en paix, pourquoi faut-il tout anéantir ? » (**A. Frank**)

....

....

....

....

....

8 ** Complétez ces phrases pour manifester votre désaccord.

1. J'ai vu une comédie romantique ....
2. Le son de ta musique est un peu fort ....
3. Le chocolat blanc ....

Je convaincs mon auditoire

BREVET

9 ** Réécrivez cette phrase en utilisant des expressions mélioratives. Essayez de convaincre votre lecteur.

L'avocat a terminé son plaidoyer.

....

....

....

....

....

....

....

....

....

....

J'applique ce que j'ai appris pour écrire

Écrivez le portrait d'une personne que vous aimeriez proposer en exemple pour son courage ou sa loyauté. Utilisez les procédés revus au cours de la leçon.

....

....

....

....

....

....

....

....

....

....

J'évalue mes acquis — Utiliser le lexique pour comprendre et s'exprimer

Avez-vous bien compris les leçons sur le lexique ?
Vérifiez en lisant cet extrait et en répondant aux questions d'un groupe.

Guillaume Apollinaire, engagé dans l'armée pendant la Première Guerre mondiale, écrit à sa bien-aimée.

Adieu !

L'amour est libre il n'est jamais soumis au sort
Ô Lou le mien est plus fort encor que la mort
Un cœur le mien te suit dans ton voyage au Nord

Lettres Envoie aussi des lettres ma chérie
On aime en recevoir dans notre artillerie
Une par jour au moins une au moins je t'en prie

Lentement la nuit noire est tombée à présent
On va rentrer après avoir acquis du zan[1]
Une deux trois À toi ma vie À toi mon sang

La nuit mon cœur la nuit est très douce et très blonde
Ô Lou le ciel est pur aujourd'hui comme une onde
Un cœur le mien te suit jusques au bout du monde

L'heure est venue Adieu l'heure de ton départ
On va rentrer Il est neuf heures moins le quart
Une deux trois Adieu de Nîmes dans le Gard

4 fév. 1915

G. Apollinaire, « Adieu », *Poèmes à Lou*, édition posthume, 1955.

1. bonbon à la réglisse.

Groupe 1

J'observe

1. Au vers 4, que signifie le mot « *cœur* » ? Est-il employé :
❍ au sens propre ? ❍ au sens figuré ?

....

2. Écrivez une phrase avec le mot « *nuit* » employé dans l'un des deux sens du poème.

....

....

3. a. Relevez une comparaison.

....

b. Relevez une métaphore.

....

Je manipule

4. a. Identifiez le type de strophe utilisé.
❍ quatrains ❍ tercets

b. Identifiez le type de vers utilisé.
❍ alexandrins ❍ octosyllabes

5. Le poète est profondément épris de Lou.
❍ Vrai ❍ Faux

Dans les strophes 2 et 3, quelles expressions confirment votre réponse ?

....

6. « *Une par jour au moins une au moins je t'en prie* » (v. 7) : soulignez les répétitions dans ce vers et entourez la formule d'insistance.

J'écris

7. Comme Guillaume Apollinaire, vous composerez une strophe en vers sur le thème de votre choix. En lisant la première lettre de chaque vers, le lecteur découvrira un mot.

Groupe 1, 2 ou 3 : *je rédige en respectant la consigne 7*

....

....

....

....

....

Groupe 2

J'observe

1. Au vers 4, le mot « *cœur* » est-il au sens propre ou figuré ?

....

2. Le mot « *nuit* » (v. 11) a un sens :
❍ neutre. ❍ connoté.

3. Entourez deux figures de style évoquant des images.

Je manipule

4. a. De quel type de strophe s'agit-il ?

....

b. De quel type de vers s'agit-il ?

....

5. La nuit est présentée de manière :
❍ méliorative. ❍ péjorative.
Justifiez à partir d'une citation.

....

....

6. Comment l'insistance sur la destinataire est-elle exprimée ? (Regardez la première lettre de chaque vers).

....

....

....

J'écris

7. Comme Guillaume Apollinaire, vous composerez une strophe en vers rimés sur le thème de votre choix. En lisant la première lettre de chaque vers, le lecteur découvrira un mot.

Groupe 3

J'observe

1. Au vers 4, quel sens faut-il donner au mot « *cœur* » ?

....

....

2. Comparez les deux emplois de « *nuit* » dans le poème et expliquez leur différence.

....

....

3. Entourez trois figures de style évoquant des images.

Je manipule

4. Nommez le type de vers et le type de strophe utilisés dans ce poème.

....

....

5. La nuit est-elle présentée de manière péjorative ou méliorative ? Justifiez à partir de deux citations expliquées.

....

....

....

6. Comment l'insistance sur la destinataire et son nom est-elle exprimée ? Encadrez les éléments qui le prouvent. ....

....

J'écris

7. Comme Guillaume Apollinaire, vous composerez une strophe en vers réguliers rimés sur le thème de votre choix. En lisant la première lettre de chaque vers, le lecteur découvrira un mot.

Compétences évaluées J'évalue mes acquis en complétant chaque smiley.	☺ 😐 ☹
1. Je sais analyser une forme verbale.	
2. J'ai identifié les éléments formels de la poésie.	
3. J'ai compris et interprété les nuances de sens des mots.	
4. Je sais repérer les procédés de style et je les comprends.	

Ce que je sais déjà faire — Le groupe nominal

• Dans cette double page, vous allez pouvoir réviser ce que vous avez appris jusqu'en classe de 4e afin de vous préparer aux leçons qui vont suivre.
• Lorsque vous en avez besoin, vous pouvez consulter la Boîte à outils et cocher au fur et à mesure les outils que vous avez utilisés.

Dans ce texte, l'auteur raconte sa découverte des mots à travers la lecture.

On me laissa vagabonder dans la **bibliothèque** et je donnai l'assaut à la sagesse humaine. [...] Je fis d'horribles rencontres : j'ouvrais un album, je tombais sur une planche en couleurs, des insectes hideux grouillaient sous ma vue. Couché sur le tapis, j'entrepris d'arides **voyages** à travers Fontenelle, Aristophane, Rabelais : les **phrases** me résistaient à la manière des choses ; il fallait les observer, en faire le tour, feindre de m'éloigner et revenir brusquement sur elles pour les surprendre hors de leur garde : la plupart du temps, elles gardaient leur secret. J'étais La Pérouse, Magellan, Vasco de Gama ; je découvrais des indigènes étranges : [...] Apocope, Chiasme, Parangon, cent autres Cafres impénétrables et distants surgissaient au détour d'une **page** et leur seule apparition disloquait tout le paragraphe. Ces **mots** durs et noirs, je n'en ai connu le sens que dix ou quinze ans plus tard [...].

J.-P. Sartre, *Les Mots*, © Éditions Gallimard, collection blanche, 1964.

Jean-Paul Sartre devenu écrivain

Je repère des indices pour identifier les caractéristiques du texte

a. Qui est l'auteur de ce texte ? Qui pourrait être le narrateur ?

b. Quels indices vous ont permis de trouver la réponse ?

c. À quel genre narratif appartient donc cet extrait ?

❍ historique
❍ autobiographique
❍ épique

Je vérifie ma compréhension de l'extrait

d. *J'étais La Pérouse, Magellan, Vasco de Gama.* » (l. 9-10). Pourquoi le narrateur se compare-t-il à de grands explorateurs ?

e. Qui sont les « *indigènes étranges* » qu'il rencontre ? Quel problème leur pose-t-il ?

I Je sais distinguer le groupe nominal minimal

a. Encadrez dans le texte les déterminants des noms communs notés en gras. Sont-ils tous situés directement avant le nom ?

b. Lisez le texte en ignorant les mots encadrés. Les noms communs peuvent-ils se passer de leur déterminant ?

c. Pourquoi les noms soulignés ne possèdent-ils pas de déterminants ?

d. Entourez dans le texte quatre noms communs commençant par une majuscule. Selon vous, quelle est ici l'intention de l'auteur ?

Boîte à outils 1

Compétences réactivées

Dans cet atelier, je vérifie que je sais :

- ✔ Identifier le groupe nominal et ses composants
- ✔ Repérer des indices dans un texte
- ✔ Dégager le sens d'un texte

2 J'identifie les éléments du GN étendu

a. Dans les phrases suivantes, soulignez les éléments qui peuvent être supprimés. Que constatez-vous ?

1. J'ouvrais un album.
2. Je découvrais des indigènes étranges.
3. Je tombais sur une planche en couleurs.

....

Boite à outils 2

b. Réécrivez la phrase surlignée en vert dans le texte en ajoutant le plus d'éléments possible au GN.

....

....

....

Boite à outils 3

3 Je comprends le fonctionnement des accords dans le GN

a. Réécrivez les phrases suivantes en mettant le mot noyau du GN au singulier.

1. Je fis d'horribles rencontres. ....

2. J'entrepris d'arides voyages. ....

3. Les phrases me résistaient. ....

b. Soulignez, dans les phrases au pluriel, les éléments qui ont subi des modifications. Que constatez-vous ?

....

c. Complétez les phrases 1, 2 et 3 avec des subordonnées relatives.

1. Je fis d'horribles rencontres ....

2. J'entrepris d'arides voyages ....

3. Les phrases .... me résistaient.

Boite à outils 3

4 J'écris en utilisant un GN étendu

En explorant la bibliothèque, le narrateur découvre un livre particulièrement intriguant. Décrivez ce livre en développant le GN autour du mot noyau *livre*.

....

....

....

....

Boite à outils

- ❍ **1** Les noms communs nécessitent la présence de déterminants dans des phrases à l'oral ou à l'écrit. Le nom et le déterminant sont les éléments du GN minimal.
- ❍ **2** Le GN peut être étendu avec des éléments qui dépendent de lui et qui ne sont pas essentiels.
- ❍ **3** Le nom possède un genre et un nombre qui gouvernent les accords des éléments du GN.

11 Le complément du nom

Connaissances et compétences visées

Dans cette leçon, je vais apprendre à :
- ✔ Différencier complément du nom et complément du verbe
- ✔ Développer un GN à l'aide de compléments du nom

J'observe et je manipule

1

Le **Pot** de fer proposa
Au **Pot** de terre un voyage.
Celui-ci s'en excusa,
Disant qu'il ferait que sage
De garder le coin du feu :

J. de La Fontaine, « Le Pot de terre et le Pot de fer », *Fables*, 1668.

a. Surlignez les mots qui complètent les noms en gras dans cet extrait de fable.

b. Vous avez repéré des *compléments du nom*. **Entourez le troisième CDN dans le texte et soulignez le nom qu'il caractérise.**

bilan **Réécrivez les deux premiers vers sans les CDN.** ....
Que constatez-vous ? Qu'en concluez-vous sur l'emploi des CDN ? ....
....

2 **a. Complétez chaque GN en ajoutant au nom noyau un de ces mots :** sur • du • des • à • de.

1. le château .... ma mère
2. les moulins .... vent
3. les fleurs .... mal
4. Robin .... bois
5. fenêtre .... cour

b. À quelle classe grammaticale appartiennent ces mots ? ....

c. Observez la classe grammaticale des différents éléments de ces GN. Complétez la formule de construction du complément du nom.
GN + ... + ...

d. Créez un complément du nom en appliquant la formule ci-dessus.
un voyage + ... + ...

3

Et depuis la veille, Françoise, heureuse de s'adonner **à cet art** de la cuisine pour lequel elle avait certainement un don [...], et sachant qu'elle aurait à composer, selon des méthodes sues d'elle seule, du bœuf **à la gelée** [...] allait elle-même **aux Halles** se faire donner les plus beaux carrés **de romsteck**, de jarret de bœuf, de pied de veau, comme Michel-Ange passant huit mois dans les montagnes **de Carrare** à choisir les blocs de marbre les plus parfaits pour le monument de Jules II.

M. Proust, *À l'Ombre des jeunes filles en fleurs*, 1919.

a. Repérez le mot que chaque groupe prépositionnel en gras permet de compléter et indiquez sa classe grammaticale.
« à cet art » : ....
« à la gelée » : ....
« aux Halles » : ....
« de romsteck » : ....
« de Carrare » : ....

b. Quelle est la fonction de chacun des groupes prépositionnels qui complètent un verbe ?
....

bilan **D'après l'ensemble de vos observations précédentes, quelle est la fonction des groupes prépositionnels qui complètent un nom ?** ....

Je retiens

1. Le complément du nom est l'une des **expansions du nom.**
2. Il est composé d'une **préposition** (*de*, *à*...) et d'un **groupe nominal** et il se place à la suite du nom qu'il complète.
3. Le complément du nom **ne s'accorde pas** avec le nom qu'il complète.

Complément du nom = préposition + GN

Mes exemples Inventez deux groupes nominaux contenant chacun un complément du nom introduit par *de* et *à*.
1. ....
2. ....

Je m'exerce

J'identifie le complément du nom

4 a. * Entourez le complément du nom dans chaque groupe nominal.

une râpe à fromage • une femme d'affaires • un avion à réaction • un saut en parachute • un sandwich au poulet

b. * Reconstituez les groupes nominaux en échangeant les compléments du nom.

Ex. : un sandwich à réaction.

....

....

5 ** Surlignez les compléments du nom dans le texte.

Tous les pays de la Terre semblaient avoir apporté là un débris de leurs sciences, un échantillon de leurs arts. C'était une espèce de fumier philosophique auquel rien ne manquait, ni le calumet du sauvage, ni la pantoufle vert-et-or du sérail, ni le yatagan du Maure, ni l'idole des Tartares. Il y avait jusqu'à la blague à tabac du soldat, jusqu'au ciboire […] d'un prêtre, jusqu'aux plumes d'un trône.

H. de Balzac, *La Peau de Chagrin*, 1831.

Je développe des GN à l'aide de compléments du nom

6 * Complétez chaque titre de poème suivant avec l'une de ces prépositions : d' • sur • du • au • de.

1. Le Joujou .... pauvre

2. L'Invitation .... voyage

3. Le Tombeau .... Edgar Poe

4. Les Chercheuses .... poux

7 ** Trouvez trois compléments du nom différents pour développer chaque GN.

1. un homme ....

2. des pommes ....

3. le cahier ....

4. un moulin ....

8 ** Réécrivez ces phrases en développant chaque nom en gras par un complément du nom.

1. Les **enfants** aiment lire des **romans.**

....

....

2. Elle est allée à un **concert.**

....

3. Les **serpents** vivent dans les **déserts.**

....

....

4. Les **résultats** seront donnés demain.

....

9 ** Transformez ces GN pour que le nom noyau soit développé par un complément du nom.

1. un homme chauve → ....

2. le médecin qui soigne notre famille → ....

3. un objet métallique → ....

4. le vaccin qui permet de se protéger de la grippe → ....

J'écris un portrait en utilisant des CDN BREVET

10 * En sept lignes, faites le portrait d'un monstre en lui attribuant des caractéristiques animales.**

....

....

....

....

....

....

....

J'applique ce que j'ai appris pour écrire

Écrivez la dictée lue par votre enseignant-e. Relisez-vous. Soulignez les compléments du nom.

....

....

....

....

....

....

12 La proposition subordonnée relative

Connaissances et compétences visées

Dans cette leçon, je vais apprendre à :
- ✔ Identifier une proposition subordonnée relative
- ✔ Connaitre les principaux pronoms relatifs
- ✔ Utiliser une proposition subordonnée relative pour compléter un nom

J'observe et je manipule

1 a. Réécrivez chaque paire de phrases en la réunissant en une seule phrase. Entourez l'élément que vous avez ajouté pour les réunir.

1. J'envoie un message à un ami. Je n'ai pas vu cet ami depuis longtemps.

....

2. Il parle d'un film. Ce film a remporté un prix au festival de Cannes.

....

3. Je fais partie d'une association. Les membres de cette association sont bénévoles.

....

b. Le mot que vous avez ajouté est un pronom relatif. Encadrez les mots que ce pronom a remplacés dans les phrases initiales.

bilan **À quelle classe grammaticale appartiennent ces mots encadrés ?** ....

2 a. Dans chaque phrase, encadrez le mot représenté par le pronom relatif souligné. Ce mot est l'antécédent.

b. Réécrivez chaque phrase : séparez-la en deux phrases, en répétant l'antécédent.

Ex. : Le lycée auquel je suis inscrit est très ancien. → Je suis inscrit à un lycée. Ce lycée est très ancien.

1. La ville où j'ai grandi a beaucoup changé. → ....

2. L'artiste qui a peint ce tableau est français. → ....

3. J'ai vu le garçon auquel tu as parlé. → ....

4. Le réalisateur dont tu aimes les films est coréen. → ....

5. La lettre que j'ai reçue annonce une bonne nouvelle. → ....

....

bilan **Quelle est la fonction du pronom souligné ? Reliez chaque pronom relatif à sa fonction : aidez-vous des phrases réécrites.**

1. où •	• complément du nom
2. qui •	• sujet
3. auquel •	• complément indirect du verbe
4. dont •	• complément direct du verbe
5. que •	• complément de lieu

Je retiens

1. Une **proposition subordonnée relative (PSR)** comprend le plus souvent un **verbe conjugué**.

2. Elle est introduite par un **pronom relatif** : *qui, que, dont, où*...

3. C'est une **expansion du nom** : elle apporte des informations sur un nom, son antécédent.

4. Elle donne des précisions sur **son antécédent** tout en évitant de le répéter dans deux phrases successives.

Pronom relatif	*qui*	*que*	*dont*
Fonction dans la PSR	sujet	complément direct	complément indirect, complément du nom

Pronom relatif	*auquel, à laquelle, auxquels/auxquelles*	*où, par lequel/laquelle, avec lequel/laquelle...*
Fonction dans la PSR	complément indirect	complément de phrase

Mes exemples Rédigez deux phrases contenant chacune une PSR, la première commençant par *dont*, la deuxième par *qui*.

1. ....

2. ....

Je m'exerce

Je repère une proposition subordonnée relative et son antécédent

3 * Surlignez dans chaque phrase la proposition subordonnée relative.

1. Voici le collège où j'ai étudié.
2. C'est un joueur dont il faut se méfier.
3. L'acteur qui interprète Roméo fait partie de la troupe de la Comédie-Française.
4. C'est cette toile, *Tempête de neige en mer*, qui a été peinte par Turner en 1842.
5. Le lieu où je vis est très passant.

4 ** Entourez l'antécédent de la proposition subordonnée relative dans chaque phrase.

1. L'intrigue du roman que j'ai lu se situe dans le désert.
2. Le personnage principal est une aventurière qui part chercher un trésor.
3. Il faut vraiment que tu lises à ton tour ce livre qui m'a bouleversé.
4. L'ami dont je t'ai parlé vit à Rome.

J'identifie et je manipule le pronom relatif qui convient

5 ** Soulignez le pronom relatif de chaque phrase et précisez sa fonction.

1. Ils connaissent la leçon qu'ils devaient apprendre.

....

2. L'oncle auquel tu écris est resté dans son village.

....

3. Rimbaud, qui aimait beaucoup voyager, s'est rendu dans de nombreux pays. ....

6 ** Ajoutez le pronom relatif qui convient et soulignez l'antécédent de la proposition subordonnée relative.

1. Connais-tu l'homme .... j'ai salué ?
2. L'enfant .... le bras est cassé est nouveau dans la classe.
3. Voici la route .... l'accident a eu lieu.
4. La femme .... il parle est sa tante.

Je réécris en utilisant une proposition subordonnée relative

BREVET

7 ** Dans chaque phrase, remplacez le mot souligné par une proposition subordonnée relative.

1. Mon frère est un garçon <u>impatient</u>. ....

....

2. Sa chambre est une pièce <u>lumineuse</u>. ....

....

3. Cette femme est une actrice <u>réputée</u>. ....

....

8 ** Réécrivez chaque paire de phrases en une seule.

1. J'ai fait un rêve. Je n'ai pas oublié ce rêve.

....

2. Vermeer a peint une ville. Il est né dans cette ville.

....

3. Il s'est souvenu d'un homme. Cet homme l'avait aidé.

....

J'enrichis la phrase avec une PSR

9 * Enrichissez le groupe nominal souligné d'une proposition subordonnée relative.**

1. Elle rêve de vivre dans <u>une maison</u> ....

....

2. J'ai rencontré <u>un homme</u> ....

....

3. Il a reçu <u>un cadeau</u> ....

....

4. J'ai entendu le bruit d'<u>une porte</u> .... et j'ai sursauté.

J'applique ce que j'ai appris pour écrire

Artiste engagé-e, vous prononcez un discours dans lequel vous citez les personnes que vous souhaitez défendre à travers votre art. Écrivez le texte de ce discours en utilisant trois PSR.

....

....

....

....

....

....

....

....

13 Le nom et ses expansions

Connaissances et compétences visées

Dans cette leçon, je vais apprendre à :

✔ Identifier les différents types d'expansion du nom
✔ Développer un GN en utilisant des expansions du nom

J'observe et je manipule

1 **Dans mon sac il y a : mon cahier de français, un cahier bleu, le cahier de ma meilleure amie, un petit cahier, un cahier à spirales et le cahier que j'ai pris à mon frère pour lui faire une blague.**

a. Dans le texte, encadrez le mot noyau de chaque groupe nominal après les deux points. Combien de mots différents avez-vous entourés ?

b. Surlignez dans le texte les mots qui permettent de différencier les cahiers dans le sac.

Vous avez repéré les expansions du nom.

c. Soulignez les adjectifs, puis observez les autres expansions.

L'adjectif est-il le seul outil permettant de développer un GN ? ❍ Oui ❍ Non

d. Que se passe-t-il si on supprime les expansions dans ce texte ?

bilan **Qu'en concluez-vous sur le rôle des expansions du nom ?**

2

La **veuve** de Paolo Saverini habitait seule avec son fils une petite **maison** pauvre sur les **remparts** de Bonifacio. La **ville**, bâtie sur une avancée de la montagne […], regarde, par-dessus le détroit hérissé d'écueils, la **côte** plus basse de la Sardaigne. À ses pieds, de l'autre côté, la contournant presque entièrement, une **coupure** de la falaise, qui ressemble à un gigantesque **corridor**, lui sert de port […].

G. de Maupassant, « Une Vendetta », *Contes du jour et de la nuit*, 1885.

Soulignez les mots qui complètent chaque nom en gras dans le texte ci-contre : ce sont les expansions de ces noms.

bilan **Lisez l'extrait sans les expansions que vous avez soulignées. Selon vous, qu'apportent-elles au texte ?**

3 **a. Réécrivez chaque groupe nominal en plaçant l'adjectif épithète après le nom.**

1. une ancienne église →
2. un brave homme →
3. un seul élève →
4. une simple maison →
5. ma propre voiture →

b. Le sens est-il exactement le même pour chacun de ces GN ? ❍ Oui ❍ Non

bilan **Déduisez la règle sur la place et le sens des épithètes dans le GN.**

Je retiens

1. **L'expansion du nom** fait partie du groupe nominal (GN). Elle **complète un mot noyau** en lui apportant des précisions et des informations.
2. Elle n'est **jamais obligatoire** mais la supprimer peut modifier le sens d'une phrase.
3. Les expansions du nom sont les suivantes : **l'épithète**, **le complément du nom** et **la proposition subordonnée relative** (PSR).
4. **L'apposition** se différencie des autres expansions du nom car elle est séparée du GN par un signe de ponctuation (virgule ou deux-points).

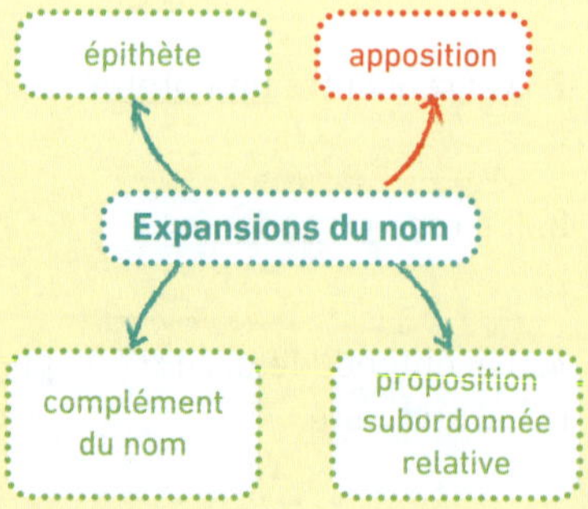

Mon exemple Complétez ce GN en ajoutant trois expansions du nom de votre choix.

Le château

Je m'exerce

J'identifie les différents types d'expansion du nom

4 * **Identifiez le type des expansions en gras.**

1. Elle avait perdu son **petit** carnet. •
2. Il s'endormit dans le train **qui le ramenait à Lyon**. •
3. Le cri **des oiseaux** la réveille chaque matin. •

• complément du nom
• épithète
• proposition subordonnée relative

5

> Cette **expression** d'ironie infernale était augmentée peut-être par le contraste de ses **yeux** incrustés d'argent et très brillants avec la **patine** d'un vert noirâtre que le temps avait donnée à toute la statue. Ces **yeux** brillants produisaient une certaine **illusion** qui rappelait la réalité, la vie.
>
> P. Mérimée, « La Vénus d'Ille », 1837.

a. * **Dans le texte ci-contre, soulignez les expansions des noms en gras.**

b. * **Dans chaque expansion, entourez l'adjectif épithète s'il y en a un.**

6 ** **Classez chacun des GN suivants dans le tableau en vous aidant de l'exemple proposé.**

un cerisier en fleurs • une plage ensoleillée • la fin de l'été • les touristes étrangers • la valise que j'ai préparée

Déterminant	Nom	Expansion du nom	Adjectif	GN prépositionnel	PSR
le	*jardin*	*de mon enfance*		X	

Je réécris en modifiant les expansions du nom

BREVET

7 a. * **Soulignez les adjectifs qualificatifs dans ces GN.**

1. une robe pailletée → ....
2. un vieil ami → ....
3. une soirée festive → ....

b. ** **Donnez, pour chaque adjectif ci-dessus, un GN prépositionnel de même sens.**

Ex. : une maison campagnarde → une maison de campagne

8 a. ** **Soulignez les propositions subordonnées relatives dans ces GN.**

1. une écriture qui n'est pas lisible → ....
2. un acte qu'on ne peut pas tolérer → ....
3. un sourire auquel on ne peut pas résister → ....

....

b. ** **Donnez, pour chaque proposition subordonnée relative, un adjectif de même sens.**

Je développe un GN en utilisant des expansions du nom

9 *** **Développez chaque GN à l'aide de trois expansions de classes différentes.**

Ex. : un petit air de musique qui me revient en tête
(adj.) (GN prép.) (PSR)

1. un tableau → ....

....

2. un morceau → ....

....

3. un texte → ....

....

J'applique ce que j'ai appris pour écrire

Un stylo, une gomme et une cartouche d'encre prennent vie et s'échappent de votre trousse. Décrivez-les en utilisant les trois types d'expansion du nom afin de raconter leur expédition.

....

....

....

....

....

14 L'apposition

Connaissances et compétences visées

Dans cette leçon, je vais apprendre à :

✔ Identifier l'apposition

✔ Utiliser l'apposition pour apporter des informations sur un GN

J'observe et je manipule

1 **a. Dans chaque phrase, soulignez les groupes de mots qui désignent ce qui est signifié par le GN en gras.**

1. Rimbaud, l'homme aux semelles de vent, écrivit *Une Saison en Enfer*.

2. Clara, ma sœur, cadette de la famille, révise ses leçons.

3. Nous avons visité **Rome**, la ville éternelle.

b. Ces éléments sont des appositions. Sont-elles essentielles à la phrase ?

❍ Oui ❍ Non

bilan **À quoi servent donc ces appositions ?**

....

....

2 **a. Entourez les appositions dans les phrases suivantes.**

b. Reliez chaque apposition à sa classe grammaticale.

1. Œdipe et sa fille, Antigone, marchent sur les routes de Grèce. •

2. Elle n'a qu'un désir : soutenir son père. •

3. Thèbes, la cité qu'ils ont dirigée, a décidé de les exiler. •

4. Que ses frères se réconcilient, voilà son souhait le plus cher. •

5. Étéocle et Polynice, furieux, sont prêts à combattre. •

• proposition complétive

• groupe infinitif

• nom ou GN

• adjectif qualificatif

3

Léonard de Vinci, miroir profond et sombre,
Où des anges charmants, avec un doux souris
Tout chargé de mystère, apparaissent à l'ombre
Des glaciers et des pins qui ferment leur pays ;

Rembrandt, triste hôpital tout rempli de murmures,
Et d'un grand crucifix décoré seulement,
Où la prière en pleurs s'exhale des ordures,
Et d'un rayon d'hiver traversé brusquement ;

Ch. Baudelaire, « Les Phares »,
Les Fleurs du mal, 1857.

a. Encadrez, dans le texte ci-contre, les appositions qui désignent les peintres notés en gras.

b. Réécrivez ces appositions en remplaçant « Léonard de Vinci » par la peintre « Frida Kahlo », « Rembrandt » par « Louise Bourgeois ».

....

....

....

....

bilan **Que constatez-vous dans votre réécriture ?**

....

Je retiens

1. L'apposition indique une qualité du GN ou désigne le GN avec **de nouveaux termes**.
2. Elle appartient au **GN étendu**. Elle se différencie des autres expansions du nom car elle est séparée du nom noyau par un signe de ponctuation (virgule, deux-points).
3. Elle peut appartenir à **différentes classes grammaticales**.
4. L'adjectif apposé (ou le participe employé comme adjectif) est parfois appelé **épithète détachée**.

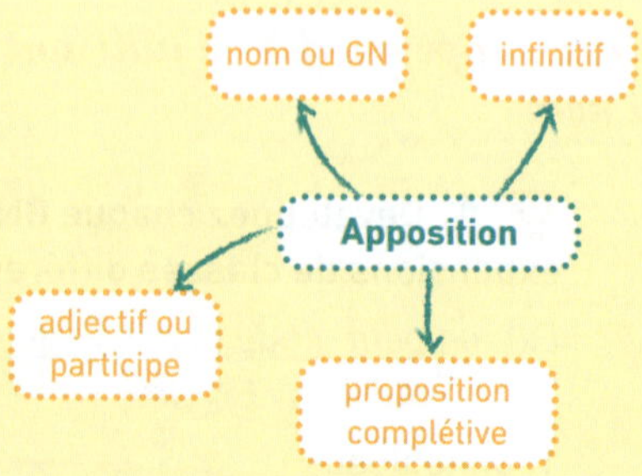

Mes exemples Inventez une phrase contenant une apposition avec un groupe infinitif, puis une autre contenant une apposition avec un GN.

1. ....

2. ....

Je m'exerce

Je repère les appositions

4 ** **Surlignez toutes les appositions dans cet extrait de poème.**

Andromaque, des bras d'un grand époux tombée,
Vil bétail, sous la main du superbe Pyrrhus,
Auprès d'un tombeau vide en extase courbée ;
Veuve d'Hector, hélas ! et femme d'Hélénus !

Ch. Baudelaire, « Le Cygne », *Les Fleurs du Mal*, 1857.

5 ** **Soulignez les appositions dans les phrases suivantes.**

1. Lucile, la quatrième de mes sœurs, a deux ans de plus que moi.

2. Lorsqu'un traitre, un fourbe tortueux, commet de certains faits rares et monstrueux, tout homme a droit, sur son passage, de venir lui cracher sa sentence au visage.

J'identifie les classes grammaticales de l'apposition

6 ** a. **Surlignez l'apposition dans chaque phrase.**

1. Cependant, le médecin de famille, le docteur Guiraud, gros homme fin et souriant, avait eu déjà plusieurs conversations particulières avec M. Chabre.

2. Estelle, habituée au vacarme de Paris, se serait ennuyée mortellement, si Hector n'avait pas fini par leur rendre visite tous les jours.

3. De temps à autre, elle regardait dans son panier, impatiente de le voir se remplir.

b. * **Indiquez les phrases avec une épithète détachée.**

....

7 ** **Soulignez les appositions et indiquez leur classe grammaticale.**

1. Ulysse, roi d'Ithaque, arrivait chez Calypso. → ....

2. Qu'il puisse punir les prétendants, voilà la seule idée qui animait Ulysse. → ....

3. Elle lui laissa le choix : vivre comme un dieu avec elle ou vivre comme un homme avec sa femme, Pénélope. → ....

4. Déçue, le cœur brisé, Calypso le laissa alors partir. → ....

8 ** **Classez les mots soulignés dans le tableau ci-contre.**

1. Les enfants, <u>émerveillés</u>, regardaient les vitrines du magasin, <u>véritable temple du jouet</u>.

2. Sa voiture, <u>une épave toute rouillée</u>, refusait de démarrer.

3. <u>Monstres cosmiques</u>, les trous noirs, <u>immenses et effrayants</u>, peuplent le centre des galaxies.

4. <u>Dépité</u>, Lucas rentra chez lui sans attendre ses amis.

5. <u>Obstinée</u>, elle n'avait qu'une idée en tête : <u>réussir</u>.

GN	Adjectif qualificatif	Groupe infinitif

Je réécris en utilisant une apposition BREVET

9 *** **Réécrivez ces phrases de manière à utiliser les GN soulignés en apposition. N'oubliez pas de supprimer les mots inutiles et d'ajouter la ponctuation nécessaire.**

1. Louis était un <u>homme discret</u>, il ne se faisait pas remarquer inutilement.

....

....

2. Le plus grand arbre du jardin est <u>un chêne majestueux</u> qui réclame beaucoup d'entretien.

....

....

J'applique ce que j'ai appris pour écrire

Écrivez un texte de cinq lignes dans lequel vous utiliserez les éléments suivants en apposition :

l'égalité • combattre l'injustice • que les hommes soient libres.

....

....

....

....

....

....

15 Les accords dans le groupe nominal

Connaissances et compétences visées

Dans cette leçon, je vais apprendre à :
✔ Repérer le nom noyau d'un GN
✔ Accorder correctement les différents éléments du GN

J'observe et je manipule

1 Réécrivez ces phrases ou GN en mettant le nom noyau en gras au masculin.

1. une **chanteuse** exceptionnelle → ....
2. la **fille** des voisins → ....
3. Épuisée par une longue journée, la **présidente** s'endort dans son bureau. → ....
4. La **combattante**, championne du monde de boxe, monte sur le ring. → ....

bilan Dans quels cas faut-il accorder les expansions avec le nom ?

....

2 Complétez le texte ci-dessous avec ces adjectifs : chaud • universelle • inutile • longs.
Soulignez le nom noyau que chaque adjectif complète.

Au-dessus de nos têtes [...] venaient vibrer l'un derrière l'autre ces .... fils d'acier tentants que tracent les balles qui veulent vous tuer, dans l'air .... d'été.
Jamais je ne m'étais senti aussi .... parmi toutes ces balles et les lumières de ce soleil.
Une immense, ... moquerie. Je n'avais que vingt ans d'âge à ce moment-là.

D'après **L.-F. Céline**, *Voyage au bout de la nuit*, © Denoël et Steele, 1932.

3

Un autre obus. Un autre, un autre, plantent, vers le haut de la colline, des arbres de lumière violacée dont chacun illumine sourdement tout l'horizon [...]
– C'est comme si tu vois un feu d'artifice, disent-ils.
Complétant l'illusion de grand **décor** d'opéra féerique et sinistre devant lequel rampe, grouille et clapote notre **troupe** basse, toute noire, voici une étoile rouge, une verte ; une **gerbe** rouge, beaucoup plus lente.

H. Barbusse, *Le Feu*, 1916.

Réécrivez de la l. 5 à la fin de l'extrait en mettant les mots en gras au pluriel et en opérant les modifications nécessaires.

....

bilan Soulignez les changements effectués dans votre réécriture.
Que constatez-vous ? ....

Je retiens

1. Le **déterminant** et **certaines expansions du nom** s'accordent en **genre** et en **nombre** avec le nom noyau.
2. Quand il y a un nom masculin et un nom féminin, l'accord se fait au masculin.
3. Les **adjectifs de couleur** s'accordent, sauf si l'adjectif est **composé** (ex. : bleu pâle) ou s'il est d'abord **un nom** (marron, orange...). Il existe néanmoins quelques exceptions : *fauve, mauve, pourpre, rose...*

Nom noyau
- s'accorde : • déterminants • épithètes • proposition subordonnée relative
- ne s'accorde pas : • complément du nom

Mes exemples Rédigez une phrase au masculin singulier avec un nom, un déterminant et un adjectif.
Réécrivez-la en mettant le nom au féminin pluriel.

1. ....
2. ....

Je m'exerce

Je repère le nom qui gouverne l'accord

ORTHO

4 * Par une flèche, reliez les mots soulignés au nom ou pronom qui justifie leur accord.

1. Les belles oranges mûres qui tombent de l'arbre parfument le jardin.
2. Toi et moi, qui sommes fortes en mathématiques, allons aider ceux qui ont plus de difficultés.
3. Les rêves qu'elle faisait étaient absurdes mais lui paraissaient réalistes.

5 ** Complétez ces phrases en accordant les adjectifs entre parenthèses.

1. Sur les marchés *(matinal)* ...., les vendeurs et vendeuses *(affairé)* .... négocient.
2. Les *(frais)* .... matins d'automne, les feuilles *(marron)* .... craquent sous les pas des marcheurs.

Je réécris en modifiant le genre ou le nombre du nom noyau

BREVET

6 ** Mettez les noms soulignés au féminin et opérez les changements nécessaires.

1. Un loup affamé attaquait les agneaux.

....

2. Elle appela le meilleur ami de son fils.

....

3. Cet excellent scientifique recherche un nouveau vaccin.

....

....

7 ** Mettez ces GN au pluriel et opérez les changements nécessaires.

1. un beau manteau vert
→ ....
2. son marque-page neuf
→ ....
3. le bijou le plus précieux
→ ....
4. un vitrail original
→ ....

8 ** Réécrivez ce texte en mettant les noms en gras au pluriel. Attention aux accords.

> Derrière eux, sur un **char** aux larges roues […], apparut une **statue** hideuse […]. Cette **statue** avait quatre bras, le **corps** colorié d'un rouge sombre, les yeux hagards, les cheveux emmêlés, la **langue** pendante.
>
> J. Verne, *Le Tour du monde en 80 jours*, 1872.

....

....

....

....

....

....

J'écris en respectant les accords des groupes nominaux

9 * Définissez chaque personnage par un GN comportant un déterminant, un nom et une expansion.**

1. Jules Verne ....

....

2. Peter Pan ....

....

3. Jean Moulin ....

....

J'applique ce que j'ai appris pour écrire

Faites le portrait d'une personne que vous admirez en utilisant au moins une épithète, une apposition, un complément du nom et une proposition subordonnée relative.

....

....

....

....

....

....

J'évalue mes acquis — Identifier le groupe nominal et ses expansions

**Avez-vous bien compris les leçons sur le groupe nominal et ses expansions ?
Vérifiez en lisant ce poème et en répondant aux questions d'un groupe.**

Mon rêve familier

Je fais souvent ce **rêve** étrange et pénétrant
D'une femme inconnue, et que j'aime, et qui m'aime,
Et qui n'est, chaque fois, ni tout à fait la même,
Ni tout à fait une autre, et m'aime et me comprend.

Car elle me comprend, et mon cœur, <u>transparent</u>
Pour elle seule, hélas ! cesse d'être un problème
Pour elle seule, et les **moiteurs** de mon front blême,
Elle seule les sait rafraîchir, en pleurant.

Est-elle brune, blonde ou rousse ? – Je l'ignore.
Son nom ? Je me souviens qu'il est doux et sonore
Comme ceux des aimés que la Vie exila.

Son regard est pareil au **regard** des statues,
Et, pour sa voix, <u>lointaine</u>, et calme, et grave, elle a
L'inflexion des **voix** chères qui se sont tues.

P. Verlaine, « Mon rêve familier », *Poèmes saturniens*, 1866.

Groupe 1

J'observe

1. a. Entourez dans le texte un nom propre qui est habituellement un nom commun.
b. Quelle est l'intention du poète, selon vous ?

....

2. Pour chaque groupe nominal dont le mot noyau est en gras, surlignez son (ses) expansion(s).

3. Quelle est la classe grammaticale des mots soulignés ?

....

Je manipule

4. « ce rêve » **(v. 1),** « une femme » **(v. 2) : réécrivez les vers 1 et 2 en mettant ces GN au pluriel.**

....
....
....

J'écris

**5. À votre tour, faites le portrait de la femme dont rêve Verlaine.
Vous emploierez au moins deux types différents d'expansions du nom.** BREVET

Groupe 1, 2 ou 3 : *je rédige en respectant la consigne 5*

....
....
....
....
....
....
....
....
....

Groupe 2

J'observe

1. a. Entourez le seul nom propre du texte.
b. Quelle est l'intention du poète, selon vous ?

2. a. Pour chaque GN dont le nom noyau est en gras, surlignez son (ses) expansion(s).
b. Identifiez le type de chaque expansion que vous avez relevée.

3. a. Quelle est la classe grammaticale des deux mots soulignés ?
b. Quelle est leur fonction ?

Je manipule

4. a. « ce rêve » (v. 1), « une femme » (v. 2) : réécrivez la première strophe en mettant ces GN au pluriel.
b. Soulignez chaque changement effectué.

J'écris

5. À votre tour, faites le portrait de la femme dont rêve Verlaine.
Vous emploierez au moins trois types différents d'expansions du nom. **BREVET**

Groupe 3

J'observe

1. a. Entourez le seul nom propre du texte.
b. Comment s'appelle cette figure de style ?
c. Quelle est l'intention du poète, selon vous ?

2. Observez les GN dont le nom noyau est en gras. Chacun contient une ou plusieurs expansion(s) du nom. Placez-les dans ce tableau selon leur classe grammaticale.

Adjectif épithète	Complément du nom	PSR

Je manipule

3. a. « ce rêve » (v. 1), « une femme » (v. 2) : réécrivez les vers 1 à 4 en mettant ces GN au pluriel.
b. Soulignez chaque changement effectué.

J'écris

4. Citez des expansions du nom.

5. À votre tour, faites le portrait de la femme dont rêve Verlaine. Vous emploierez tous les types d'expansions du nom. **BREVET**

Compétences évaluées J'évalue mes acquis en complétant chaque smiley.	🙂 😐 🙁
1. J'ai fait les accords de la chaine d'un groupe nominal.	
2. J'ai identifié une apposition.	
3. J'ai employé plusieurs types d'expansions du nom.	

• Dans cette double page, vous allez pouvoir réviser ce que vous avez appris jusqu'en classe de 4e afin de vous préparer aux leçons qui vont suivre.
• Lorsque vous en avez besoin, vous pouvez consulter la *Boîte à outils* et cocher au fur et à mesure les outils que vous avez utilisés.

Au Cabaret-Vert

Cinq heures du soir
Depuis huit jours, j'avais déchiré mes bottines
Aux cailloux des chemins. J'entrai à Charleroi.
– Au Cabaret-Vert : je demandai des tartines
Du beurre et du jambon qui fût à moitié froid.

Bienheureux, j'allongeai les jambes sous la table
Verte : je contemplai les sujets très naïfs
De la tapisserie. – Et ce fut adorable,
Quand la fille aux tétons énormes, aux yeux vifs,

– Celle-là, ce n'est pas un baiser qui l'épeure ! –
Rieuse, m'apporta des tartines de beurre,
Du jambon tiède, dans un plat colorié,

Du jambon rose et blanc parfumé d'une gousse
D'ail, – et m'emplit la chope immense, avec sa mousse
Que dorait un rayon de soleil arriéré.

A. Rimbaud, « Au Cabaret-Vert », *Poésies*, 1870.

Ce que je peux savoir avant de lire le texte

a. Ce texte est :
❍ un poème.
❍ un récit autobiographique.
❍ un roman.

b. Relevez dans le poème un exemple de chaque type :
• verbe d'action : ....
• verbe d'état : ....

c. Reliez par des flèches les verbes à leur étiquette.

« entrai » •	•	verbe de sentiment
« demandai » •	•	verbe de mouvement
« épeure » •	•	verbe de parole

Boîte à outils 1

Je vérifie ma compréhension du texte

d. Associez chacune de ces expressions à l'un des cinq sens :

toucher | ouïe | vue | gout | odorat

• « *j'avais déchiré mes bottines* » :
....
• « *Aux cailloux des chemins* » :
....
• « *du jambon qui fût à moitié froid* » :
....
• « *Du jambon [...] parfumé d'une gousse / D'ail* » : ....

e. Remplacez « *contemplai* » par un autre verbe de perception :
....

1 Je sais reconnaitre un verbe à ses propriétés

a. Soulignez le verbe dans le deuxième vers.

Boîte à outils 2

b. Mettez le verbe à la forme négative :
....

c. Réécrivez le verbe au présent, au passé composé et au futur simple.
....

d. Réécrivez le verbe à la 2e personne du singulier, puis à la 1re personne du pluriel :
....

Compétences réactivées

Dans cet atelier, je vérifie que je sais :

✔ Définir le verbe par ses propriétés

✔ Identifier les propriétés du verbe

2 Je sais analyser une forme verbale

a. Dans ces phrases, soulignez les verbes conjugués.

J'entrai à Charleroi. J'ai été bien accueilli au Cabaret-Vert.

Quand je fus sorti, il pleuvait.

Indiquez sous chaque forme verbale le nombre d'éléments qui la constituent.

b. Surlignez le radical de chacun des verbes ci-dessous.

demandai • parfumèrent • parlions • songiez

c. Séparez la terminaison de chacun de ces verbes en deux parties par une barre verticale : marque du temps et marque de la personne.

demandai • parfumèrent • parlions • songiez

d. Dans la liste suivante, combien de radical(aux) chacun des verbes possède-t-il ?

- pousser : ❍ un ❍ deux ❍ quatre
- aller : ❍ un ❍ deux ❍ quatre
- finir : ❍ un ❍ deux ❍ quatre
- devoir : ❍ un ❍ deux ❍ quatre

Boite à outils 3

3 Je sais quel rôle joue le verbe dans la phrase

a. Barrez les phrases incomplètes.

1. Au Cabaret-Vert, je demandai.
2. Je demandai des tartines.
3. Je des tartines.

b. Repérez les deux constituants obligatoires de la phrase « *J'entrai à Charleroi.* ».

....

....

....

c. Comment s'exprime, par l'orthographe, le lien qui unit le verbe et son sujet ?

....

....

Boite à outils 4

d. Soulignez le groupe de mots dont le verbe est le noyau dans cette phrase.

« *Depuis huit jours, j'avais déchiré mes bottines / Aux cailloux des chemins.* »

Boite à outils 5

e. Prolongez la phrase de l'exercice d. en ajoutant un verbe suivi de plusieurs compléments.

....

....

....

Boite à outils

❍ 1 Les verbes de mouvement se conjuguent avec l'auxiliaire *être*.

❍ 2 Pour repérer un verbe, des manipulations peuvent être utiles.

❍ 3 La forme verbale peut être constituée d'un ou plusieurs éléments (deux ou trois). Elle est formée d'un radical qui peut varier et d'une terminaison qui change, selon le temps et la personne.

❍ 4 On dit du sujet qu'il est un « donneur d'accord ».

❍ 5 Le verbe est le noyau du groupe verbal, qui est l'un des deux constituants obligatoires de la phrase.

16 Les modes impératif et subjonctif

Connaissances et compétences visées

Dans cette leçon, je vais apprendre à :

- ✓ Maitriser la conjugaison à l'impératif, en lien avec le subjonctif
- ✓ Analyser les valeurs de l'impératif, en lien avec le subjonctif

J'observe et je manipule

1

Tu ne nous as point donné un cœur pour nous haïr, et des mains pour nous égorger ; fais que nous nous aidions mutuellement à supporter le fardeau d'une vie pénible et passagère ; […] Puissent tous les hommes se souvenir qu'ils sont frères ! Qu'ils aient en horreur la tyrannie exercée sur les âmes, […] ! Si les fléaux de la guerre sont inévitables, ne nous haïssons pas, ne nous déchirons pas les uns les autres dans le sein de la paix, et employons l'instant de notre existence à bénir également en mille langages divers, depuis Siam jusqu'à la Californie, [la] bonté [de Dieu] qui nous a donné cet instant.

Voltaire, *Traité sur la tolérance*, 1763.

a. Soulignez les verbes à l'impératif, surlignez ceux au subjonctif.

b. Ces deux modes expriment la même idée. Laquelle ?

❍ La négation ❍ L'injonction ❍ La probabilité

bilan **De quelle façon le subjonctif complète-t-il la conjugaison de l'impératif ?**

....

....

....

....

2 **Voici des verbes conjugués à l'impératif.**
Complétez-les en les conjuguant aux autres personnes au subjonctif présent.

Ex. *chante • chantons • chantez : que je chante • qu'il/elle chante • qu'ils/elles chantent*

1. finis • finissons • finissez : ....
2. entends • entendons • entendez : ....
3. pars • partons • partez : ....
4. vois • voyons • voyez : ....

3 **Conjuguez ces verbes à l'impératif présent :** vouloir • être • savoir • avoir.

1. ....
2. ....
3. ....
4. ....

bilan **À quel mode ces formes ont-elles été empruntées ?**

....

....

....

....

Je retiens

1. Les **modes** sont un moyen de classer les formes verbales. Ils renseignent sur la **manière** dont l'action exprimée par le verbe est envisagée.
2. L'**impératif** et le **subjonctif** ont en commun d'être des **modes personnels.**
3. Mais l'impératif n'est pas précédé d'un **pronom sujet** et il ne se conjugue qu'à la 2ᵉ personne du singulier et 1ʳᵉ et 2ᵉ du pluriel. C'est pourquoi on fait appel au subjonctif pour **compléter sa conjugaison**.
4. L'impératif et le subjonctif précédé de ***que*** traduisent l'**injonction**, c'est-à-dire l'ordre, la défense, le conseil ou la prière, selon le contexte.

	1ʳᵉ pers. sing.	2ᵉ pers. sing.	3ᵉ pers. sing.
Impératif	–	Viens	–
Subjonctif	Que je vienne	Que tu viennes	Qu'il vienne

	1ʳᵉ pers. plur.	2ᵉ pers. plur.	3ᵉ pers. plur.
Impératif	Venons	Venez	–
Subjonctif	Que nous venions	Que vous veniez	Qu'ils viennent

Mes exemples Exprimez l'ordre de partir aux six personnes de la conjugaison, en utilisant l'impératif, et le subjonctif.

1. Impératif: ....

2. Subjonctif: ....

Je m'exerce

Je maitrise la conjugaison de l'impératif en lien avec le subjonctif

4 * Donnez la forme du verbe à l'impératif présent, à la personne qui convient.

1. « .... *(aller)*, cours, vole et nous venge. » (Corneille).
2. .... *(dire)*, vous qui savez tout, que faisons-nous ici ?
3. .... *(craindre)* son pouvoir si nous ne craignons pas sa force.
4. .... *(ouvrir)*-moi la porte, s'il te plait.

5 ** Complétez ces phrases par un verbe de votre choix à l'impératif.

1. .... avant les douze coups de minuit.
2. .... et tu seras aimé à ton tour.
3. ....-la et toutes ses amies te recevront.
4. .... patience, tu as la vie devant toi !
5. ....-moi de vous aider.

6 ** Complétez ces phrases par un verbe à l'impératif.

1. .... m'excuser de mon retard : le bus est parti sans moi ce matin.
2. « .... vaincre ou sachons périr. » *(Chant du départ)*.
3. .... confiance, je suis avec toi ; ta performance sera parfaite.

J'analyse les valeurs de l'impératif en lien avec le subjonctif

7 * Reliez chaque phrase à l'étiquette qui lui correspond.

1. Devinez ce qui vient de m'arriver ! •
2. Qu'on attelle la voiture sans tarder ! •
3. N'oublie jamais d'où tu viens. •
4. Ne fume pas ici, c'est rigoureusement interdit ! •

• Ordre
• Conseil
• Invitation

8 ** L'impératif peut avoir une autre valeur. Expliquez laquelle à partir de ces phrases.

1. Rendez-vous immédiatement, et nous ne vous ferons aucun mal.

....

2. Élève un serpent chez toi, et tu n'en auras jamais fini avec les ennuis.

....

Je prépare la dictée — BREVET

9 * Écrivez la dictée lue par votre enseignant-e. Relisez-vous. Soulignez les verbes à l'impératif présent.**

....

J'applique ce que j'ai appris pour écrire

Imaginez une recette de cuisine avec des ingrédients fantaisistes, que vous expliquez à quelqu'un. Vous pouvez utiliser l'impératif ou le subjonctif, suivant le(s) destinataire(s) choisi(s).

....

17 Le mode conditionnel

Connaissances et compétences visées

Dans cette leçon, je vais apprendre à :

✔ Reconnaitre un verbe au conditionnel présent ou passé

✔ Conjuguer un verbe au conditionnel présent ou passé

J'observe et je manipule

1 a. Lisez le texte ci-dessous.

Brigitte aide aux épluchages, à la cuisine, et me fait sentir avec suffisance que je ne sais rien faire. Vrai, je ne sais pas monter une mayonnaise ni même peler une carotte vite et fin mais je pourrais lui rétorquer qu'à l'école je me débrouille plutôt bien. Non, ça ne compenserait pas. Pour une fille, ne savoir rien faire, tout le monde comprend, c'est ne pas être fichue de repasser, cuisiner, nettoyer comme il faut. Comment tu feras plus tard quand tu seras mariée ? […] Tout de même, je commence à croire qu'il me « manque quelque chose ». Puisque toutes les filles, toutes les femmes doivent s'occuper de leur intérieur, il faudrait bien que j'apprenne ces choses, en plus de mon futur métier.

A. Ernaux, *La Femme gelée*, © Éditions Gallimard, 1981.

b. Observez la forme verbale « *pourrais* ».
À l'oral, avec quelle autre forme verbale pourrait-on confondre celle-ci ?

....

....

c. Soulignez, dans le texte, deux autres formes verbales conjuguées de la même façon.

bilan Quels sont le mode et le temps employés ?

....

....

Que sert-il à exprimer ?

❍ une action certaine ❍ une action imaginaire

❍ une action impossible

2 a. Ajoutez les terminaisons de l'imparfait au *-r-* du futur, de façon à obtenir un conditionnel présent.

1. Nous chanterons. ....
2. Vous finirez. ....
3. J'entendrai. ....
4. Tu partiras. ....
5. On verra. ....
6. Ils peindront. ....

b. Mettez les formes obtenues au conditionnel passé. Aide : il s'agit d'un temps composé.

1. ....
2. ....
3. ....
4. ....
5. ....
6. ....

bilan Déduisez-en une règle pour composer le conditionnel passé.

....

....

Je retiens

1. Le conditionnel est employé tantôt comme un **temps**, tantôt comme un **mode**.
2. Comme **temps**, il exprime un **futur dans le passé**. Dans une phrase avec la principale au passé, le conditionnel présent de la subordonnée situe un fait qui aura lieu plus tard.
3. Comme **mode**, il exprime une **condition**, une **possibilité**, ou envisage une action dont **la réalisation est imaginaire**.

Conditionnel présent = radical du verbe + -r- + terminaisons de l'imparfait

Conditionnel passé = auxiliaire au conditionnel présent + participe passé du verbe

Mes exemples *Il faudra me prévenir*. Réécrivez cette phrase en mettant le verbe au conditionnel présent, puis au conditionnel passé.

1. ....
2. ....

Je m'exerce

Je reconnais un verbe au conditionnel présent ou passé

3 * **Voici une liste de verbes conjugués. Barrez les intrus qui s'y sont glissés.**

on courrait • je regarderai • nous tomberions • tu serais • vous feriez • elle ouvrait • ils souffriront

4 ** **Dans cette liste de verbes, entourez ceux qui sont conjugués au conditionnel passé.**

tu aurais découvert • je serai pris • nous avons pu • vous étiez endormi • elle se sera enfuie • on aurait cru • elles auront gagné

5 ** **Reliez chacune des formes verbales au temps qui lui correspond.**

seriez •
sauriez •
pourrais •
aurait été •
verrions •
serais resté •
auraient soufflé •
aurions rêvé •

• Conditionnel présent
• Conditionnel passé

6 *** **Reliez chaque phrase à l'étiquette qui lui correspond.**

1. Nous passerons dans la semaine. •
2. Nous passerions dans la semaine. •
3. L'accident n'aurait fait aucune victime. •
4. L'accident n'aura fait aucune victime. •

• Fait certain ou probable
• Fait incertain, imaginaire

Je conjugue un verbe au conditionnel présent ou passé — ORTHO

7 * **Réécrivez ces verbes au conditionnel présent.**

1. tu aurais voulu → ....
2. nous serions allés → ....
3. aurait-il mis → ....
4. elles se seraient éloignées → ....
5. vous auriez pensé → ....
6. je n'aurais pas entendu → ....

8 ** **Réécrivez ces verbes au conditionnel passé.**

1. vous ne diriez pas → ....
2. verrait-on → ....
3. je ne ferais jamais → ....
4. nous voudrions → ....
5. tu plairais → ....

J'utilise le conditionnel dans une réécriture — BREVET

9 *** **Dans cet extrait, soulignez les verbes. Réécrivez ensuite le texte en remplaçant le présent de l'indicatif par un conditionnel présent.**

> Le mien de père ne s'en va pas le matin, ni l'après-midi, jamais. Il reste à la maison. Il sert au café et à l'alimentation, il fait la vaisselle, la cuisine, les épluchages. Lui et ma mère vivent ensemble dans le même mouvement, ces allées et venues d'hommes d'un côté, de femmes et d'enfants de l'autre, qui constituent pour moi le monde.
>
> **A. Ernaux**, *La Femme gelée*,
> © Éditions Gallimard, 1981.

....
....
....
....
....
....
....

J'applique ce que j'ai appris pour écrire

Quel métier souhaitez-vous exercer plus tard ? Expliquez-le en écrivant un petit texte. Vous utiliserez le conditionnel présent.

....
....
....
....
....
....
....
....
....
....
....
....

18 Participe présent et adjectif verbal

Connaissances et compétences visées

Dans cette leçon, je vais apprendre à :
- ✔ Distinguer le participe présent et l'adjectif verbal
- ✔ Les orthographier correctement

J'observe et je manipule

1 a. Dans le texte ci-dessous, entourez les trois formes verbales terminées par *-ant* qui se rapportent à Candide.

> Candide, toujours marchant sur des membres palpitants ou à travers des ruines, arriva enfin hors du théâtre de la guerre, portant quelques petites provisions dans son bissac, et n'oubliant jamais Mlle Cunégonde.
>
> **Voltaire**, *Candide*, 1759.

b. Réécrivez ce texte en remplaçant « *Candide* » par « *Cunégonde* » et « *Cunégonde* » par « *Candide* ».

....

....

....

....

c. Que remarquez-vous ? ....

d. Comparez avec le mot souligné dans le texte. ....

bilan **Ces deux formes verbales s'appellent participe présent et adjectif verbal. L'une est invariable, l'autre s'accorde. Quel indice vous permet de choisir ?**

....

2 Reliez chacune de ces phrases à l'étiquette qui lui correspond.

1. Son discours fut jugé convaincant. •
2. Provoquant son adversaire, il sortit son épée du fourreau. •
3. J'ai réservé une suite avec deux chambres communicantes. •
4. Son travail le fatiguant, il dormait le reste du temps. •
5. Dans un aéroport, le personnel navigant se distingue du personnel au sol. •

• Participe présent

• Adjectif verbal

bilan **Quelle règle d'orthographe pouvez-vous en déduire ?** ....

....

3 Dans chacun des couples de phrases ci-contre, encadrez les participes présents et surlignez les adjectifs verbaux.

bilan **Quelle règle pouvez-vous en déduire ?**

....

....

....

A. 1. Tu as obtenu des résultats excellents.
2. Excellant dans le domaine artistique, elle choisit de suivre cette voie.

B. 1. Différant par leur forme, certains homonymes se distinguent plus nettement.
2. Ils sont jumeaux et pourtant très différents.

C. 1. Le Brésil compte parmi les pays émergents.
2. Émergeant de l'écume, Vénus parut dans l'éclat de sa beauté.

Je retiens

1. Le **participe présent** et l'**adjectif verbal** ont en commun d'être des formes verbales en ***-ant***.
2. Le participe présent est **toujours invariable**, alors que l'adjectif verbal, qui correspond à une forme adjective du verbe, **s'accorde comme les adjectifs**.

PARTICIPE PRÉSENT	ADJECTIF VERBAL
-ant	*-ant-e-s / -ent-e-s*
-quant	*-cant-e-s*
-guant	*-gant-e-s*

3. Dans certains cas, l'orthographe de l'adjectif verbal est différente de celle du participe présent.

Mes exemples Rédigez une phrase avec le mot *dormant* employé comme participe présent, puis comme adjectif verbal.

1. ....

2. ....

Je m'exerce

Je distingue le participe présent et l'adjectif verbal

4 * **Soulignez d'un trait les participes présents, de deux traits les adjectifs verbaux.**

1. Ignorant tout de l'incident, il se comporta comme à son habitude.
2. Les informations les plus intéressantes ne font pas toujours la une des journaux.
3. Le gladiateur, triomphant de son adversaire, fut acclamé par la foule.

5 ** **Reliez chaque terme à la bonne étiquette.**

1. influent •
2. provoquant •
3. existant •
4. provocant •
5. influant •

• Participe présent
• Adjectif verbal

6 ** **Dans chacune de ces phrases, encadrez la forme en** ***-ant*** **qui est variable.**

1. Le poste est resté vacant jusqu'à aujourd'hui.
2. Tu iras, vaquant à tes occupations, sans t'occuper de moi.
3. Le travail est plaisant avec toi.
4. Le travail, plaisant à l'équipe, se réalisa dans la bonne humeur.

Je maitrise le participe présent et l'adjectif verbal

ORTHO

7 * **Complétez ces phrases par l'adjectif verbal. Attention à l'accord.**

1. En période de canicule, la chaleur devient *(suffoquer)* ....

2. La semaine *(précéder)* ...., j'étais à des milliers de kilomètres.

3. La face *(grimacer)* ...., le monstre soudain apparut.

8 ** **Encadrez la forme correcte dans les phrases suivantes.**

1. Ils se mirent à pleurer, **manifestant/manifestants** ainsi leur désarroi.
2. La musique, **hurlant/hurlante** à nos oreilles, nous enivrait.
3. Ses propos sont plutôt **rassurant/rassurants**.
4. Le premier mercredi du mois à midi, la sirène, **hurlant/hurlante**, retentit.
5. Attention ! La route est aussi **glissant/glissante** qu'une patinoire !

9 *** **Complétez chacune de ces phrases par la forme qui convient.**

1. Je viens de découvrir le classement des cent personnes les plus influ.............. .
2. Surgiss.............. de toutes parts, les flammes dévastaient la forêt.
3. Il est trop néglig.............. pour prendre soin de ses affaires personnelles.

Je prépare une dictée

BREVET

10 ** **Justifiez l'orthographe des mots en gras dans le texte.**

> Jeanne prit son calendrier, **portant** au milieu d'un dessin la date de l'année **courante** 1819 en chiffres d'or, et biffa à coups de crayon les quatre premières colonnes, **rayant** chaque nom de saint jusqu'au 2 mai. Elle sortait maintenant du couvent, radieuse, pleine de sèves et d'appétits, de bonheur, prête à toutes les joies, à tous les hasards **charmants** de la vie.
>
> D'après **Maupassant**, *Une Vie*, 1883.

....
....
....
....
....

J'applique ce que j'ai appris pour écrire

Poursuivez le texte de l'exercice 10, en utilisant au moins un participe présent et un adjectif verbal. Soyez attentif-ve aux accords lorsqu'ils doivent être faits.

....
....
....
....
....
....
....
....
....
....

19 Les différentes constructions du verbe

Connaissances et compétences visées

Dans cette leçon, je vais apprendre à :

✔ Analyser les différentes constructions du verbe

✔ Distinguer les différents compléments

J'observe et je manipule

1

Il y a quelques jours, Mouloud est mort. Depuis dix ans il vivait dehors, dans notre quartier. Il avait sa grille de métro, au croisement de deux rues, dans un renfoncement, juste à côté de la boulangerie. C'était son territoire. **Sur le trajet de l'école élémentaire, pendant quelques années, je l'ai vu là, tous les matins et tous les soirs**. Les élèves le connaissaient bien. Au début, on avait peur de lui. Et puis on s'était habitué. On le saluait. On s'arrêtait pour discuter. Il refusait d'aller dans des foyers parce qu'ils refusaient son chien. Même quand il faisait très froid. Les gens lui donnaient des couvertures, des vêtements, de la nourriture. Il avait ses habitudes au café d'en face, il buvait du vin dans des bouteilles en plastique. Pour Noël, on lui offrait des cadeaux.

D. de Vigan, *No et moi*, © Éditions J.C. Lattès, 2007.

a. Dans la phrase en gras, délimitez les groupes syntaxiques avec le signe /.

b. Soulignez les groupes qui peuvent être supprimés.

c. Que reste-t-il ? ....

....

d. Encadrez, dans les phrases en vert, les compléments essentiels du verbe.

bilan **Quelle remarque pouvez-vous faire sur le nombre et la place des compléments ?**

....

....

....

....

2 **Reliez chacune de ces phrases à la construction qui lui correspond.**

1. Le rôti **cuit** au four depuis une heure. •
2. Le cuisinier **cuit** le rôti de préférence à la cocotte. •
3. Attention ! Le tabac **jaunit** les dents. •
4. Le papier peint a **jauni**, il faudrait en changer. •

• Verbe sans complément

• Verbe avec complément

bilan **À partir des exemples précédents, expliquez la différence entre** *verbe transitif* **ou** *intransitif* **et** *emploi transitif* **ou** *intransitif* **du verbe.** ....

....

3 **a. Parmi ces phrases, une seule est incomplète. Laquelle ?** ....

1. J'aime comme ils chantent.
2. La science réalise toujours.
3. Ce chien mange à toute heure.
4. Jour et nuit, elle écrivait.

b. Réécrivez cette phrase en la complétant.

....

bilan **Que remarquez-vous au sujet des autres phrases ?**

....

Je retiens

1. Certains verbes se suffisent à eux-mêmes – ce sont les verbes **intransitifs** – et d'autres ont besoin d'être complétés – ce sont les verbes **transitifs**.
2. Plusieurs **constructions transitives** sont possibles :
   – **directe** : le complément n'est pas introduit par une **préposition** ;
   – **indirecte** : le complément est introduit par une **préposition** ;
   – **double** : le verbe a **deux compléments**, qui peuvent être directs ou indirects, selon le cas.

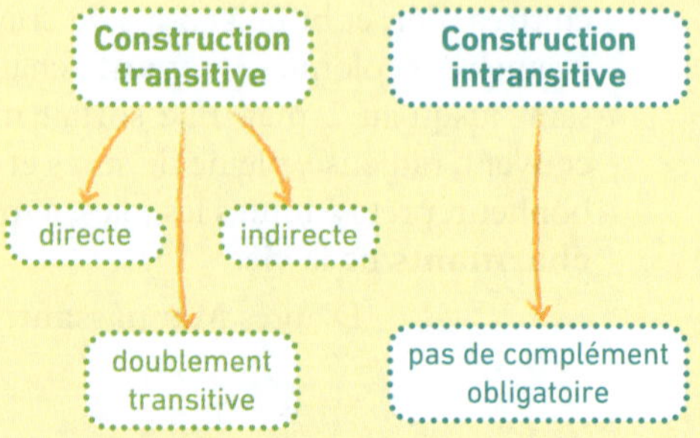

Mes exemples Utilisez le verbe *jouer* d'abord de manière intransitive, puis transitive directe et indirecte.

1. ....
2. ....
3. ....

Je m'exerce

J'identifie les compléments du verbe

4 * **Soulignez le ou les complément(s) du verbe dans ces phrases.**

1. La musique cubaine, j'adore !
2. Je porte immédiatement ce colis au postier et je reviens aussitôt.
3. La maitresse donne un bonbon aux uns, un biscuit aux autres.

5 ** **Surlignez les verbes dont le complément est introduit par une préposition.**

1. Le facteur apporte enfin de bonnes nouvelles.
2. Pense un peu aux autres !
3. Tu ne bois que du coca-cola, on dirait.
4. Il parlait du climat, sans rien connaitre du sujet.

6 * **Dans ces phrases, encadrez les compléments directs et surlignez les compléments indirects.**

1. Il faut impérativement que les plus expérimentés leur en parle.
2. Obéis-moi bien sagement pour une fois !
3. Je pense que vous avez eu tort de le lui permettre.
4. Les tracasseries, j'y pense et puis j'oublie.

7 *** **Dans chacune de ces phrases, barrez la construction incorrecte.**

1. Je me rappelle très exactement **ce qui/de ce qui** s'est passé.
2. Des révisions vont me permettre de pallier **mes lacunes/à mes lacunes** en grammaire.
3. Les idées **que/auxquelles** j'ai pensé ne sont pas toutes bonnes.

Je manipule les compléments directs et indirects

ORTHO

8 ** **Remplacez les groupes soulignés par les pronoms personnels correspondants.**

1. Je m'attends <u>à une absence de sa part</u>.

....

2. Tu ne dis pas toujours <u>la vérité</u> <u>à tes proches</u>.

....

3. Laisse-moi donner <u>cette invitation</u> à <u>mes amis</u>.

....

9 ** **Réécrivez chaque phrase en inventant des compléments directs ou indirects à la place des pronoms en gras.**

*Ex. Elle **les** a pris. → Elle a pris <u>tous les crayons</u>.*

1. Il **les** porte sur son visage.

....

2. Il **lui en** a envoyé de nombreuses.

....

10 *** **Composez deux phrases pour chacun de ces verbes :** *écrire*, *battre*. **Ils devront être intransitifs dans la première phrase, transitifs dans la seconde.**

Écrire : **1.** ....

2. ....

Battre : **1.** ....

2. ....

J'invente des compléments directs ou indirects

11 *** **Développez chaque phrase en ajoutant au verbe le complément qui convient, direct ou indirect.**

1. La lune réfléchit ....

....

2. L'élève réfléchit ....

....

3. Elles entendent ....

....

4. J'essaie ....

....

J'applique ce que j'ai appris pour écrire

Écrivez la dictée lue par votre enseignant-e. Relisez-vous. Soulignez les pronoms personnels compléments.

....

....

....

....

....

....

20 Constructions du verbe et variations de sens

Connaissances et compétences visées

Dans cette leçon, je vais apprendre à :

- ✔ Faire varier la construction des verbes
- ✔ Analyser leur emploi en fonction de leur construction et de leur sens

J'observe et je manipule

1

Excusez-moi, je suis un peu essoufflé !
Je viens de traverser une ville
où **tout le monde courait**…
Je ne peux pas vous dire laquelle…
je l'ai traversée en courant.
Lorsque j'y suis entré, je marchais normalement.
Mais quand j'ai vu que tout le monde courait…
je me suis mis à courir comme tout le monde, sans raison !
À un moment, je courais au coude à coude avec un monsieur…
Je lui dis :
– Dites-moi… pourquoi tous ces gens-là courent-ils comme des fous ?
Il me dit :
– Parce qu'ils le sont !
Il me dit :
– Vous êtes dans une ville de fous ici…
vous n'êtes pas au courant ?
Je lui dis : Si, **des bruits ont couru** !

R. Devos, « Où courent-ils ? », *Matière à rire*, © Plon, 2016.

a. Soulignez les sujets de « *courait* » et « *ont couru* » dans les groupes de mots en gras. Quelle est la différence de sens entre le premier et le second sujet ?

....

....

b. Quel est le sens du verbe à chaque fois ?

....

....

....

bilan **Que pouvez-vous déduire de ces observations ?** ....

....

2 **Complétez les phrases suivantes.**

1. Ses doigts courent sur ....
2. À l'heure du déjeuner, les employés couraient ....
3. S'il continue ainsi, il court ....
4. Tout le monde court après ....
5. Je suis resté prudent, je n'ai pas voulu courir ....
6. On a perdu. C'était couru ....
7. Durant sa jeunesse, il a couru ....

bilan **Pour chaque phrase, trouvez un verbe synonyme du verbe *courir*. Récapitulez les trois constructions possibles de *courir*.**

....

....

3 **Complétez les expressions à l'aide d'un mot de la famille de *courir*.**

1. la .... à la réussite
2. le .... des évènements
3. vouloir .... le monde
4. faire ses .... en ville

bilan **En vous aidant de vos réponses précédentes, dites par quels moyens on peut expliquer les variations de sens d'un verbe en fonction de ses constructions.** ....

....

....

Je retiens

1. La plupart des verbes se construisent de plusieurs façons. Il en résulte des **variations de sens**.
2. Le remplacement par un **synonyme** et le rapprochement avec des mots de la **même famille** peuvent aider à en rendre compte.

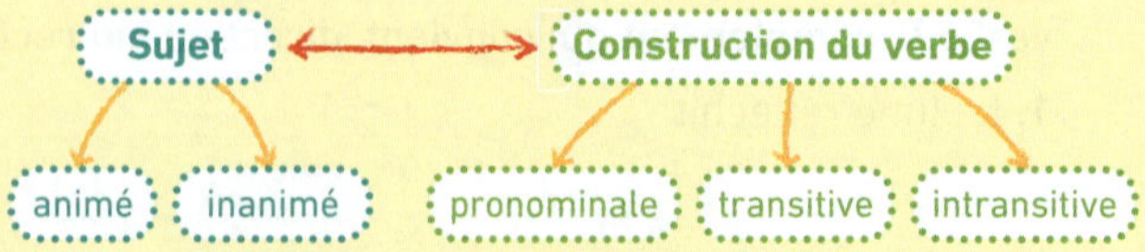

Mes exemples Rédigez deux phrases avec le verbe *défendre* dans des constructions différentes, en faisant apparaitre clairement la différence de sens.

1. ....
2. ....

Je m'exerce

Je fais varier la construction des verbes

4 * **Surlignez de trois couleurs différentes le verbe *pousser* en fonction de sa construction dans ces phrases.**

1. L'herbe pousse vite.
2. Peux-tu te pousser un peu ?
3. C'est l'amour qui l'a poussé à ce geste.
4. La publicité pousse à la consommation.
5. Les immeubles ont poussé comme des champignons.

5 ** **Faites varier la construction de chacun de ces verbes en ajoutant un complément du verbe.**

Ex. : Tenir → tenir quelque chose, tenir à quelqu'un

1. Servir : ....

2. Souffrir : ....

3. Prévenir : ....

....

J'analyse l'emploi des verbes en fonction de leur construction et de leur sens

6 **a.** * **Le verbe *voler* a deux sens premiers. Indiquez lesquels.**

Sens 1 : ....

Sens 2 : ....

b. ** **Dans la liste de mots, soulignez chaque mot en bleu ou en rouge en fonction de son sens.**

volière • volatile • antivol • voleur • envol • survoler

7 ** **Barrez les constructions qui ne sont pas acceptables dans ces phrases.**

1. Je sais le russe. / Je connais le russe.
2. Paul, je le connais. / Paul, je le sais.
3. Je sais conduire. / Je connais conduire.
4. Je sais la conduite automobile. / Je connais la conduite automobile.
5. Je sais que tu viens. / Je connais que tu viens.
6. Je sais qui tu es. / Je connais qui tu es.

8 *** **Reliez les phrases aux étiquettes dans chacun des groupes ci-dessous. Vous pouvez vous aider du dictionnaire pour les mots que vous ne connaissez pas.**

A.	**1.** Les enfants s'intéressent à beaucoup de sujets. •	• intéressement
	2. Les employés sont intéressés dans l'entreprise. •	• intérêt
B.	**1.** Eve a été tentée par le serpent. •	• tentation
	2. J'ai tenté l'impossible ! •	• tentative
C.	**1.** On ne peut accéder à la chambre. •	• accession
	2. Louis XIV a accédé au trône, très jeune. •	• accès

Je joue avec les variations de sens

BREVET

9 *** **À votre tour, rédigez un texte court mais cohérent dans lequel un même verbe sera employé plusieurs fois, dans des constructions différentes, avec des variations de sens.**

....

....

....

....

....

....

....

....

....

....

J'applique ce que j'ai appris pour écrire

Écrivez la dictée lue par votre enseignant-e. Relisez-vous. Faites bien attention aux formes de participe passé.

....

....

....

....

....

....

....

....

....

....

21 Voix active et voix passive

Connaissances et compétences visées

Dans cette leçon, je vais apprendre à :

✔ Identifier la voix du verbe

✔ Appliquer la transformation passive

J'observe et je manipule

1

Couvre-feu

Que voulez-vous la porte était gardée
Que voulez-vous nous étions enfermés
Que voulez-vous la rue était barrée
Que voulez-vous la ville était matée
Que voulez-vous elle était affamée
Que voulez-vous nous étions désarmés
Que voulez-vous la nuit était tombée
Que voulez-vous nous nous sommes aimés.

P. Éluard, « Poésie et vérité »,
Le Rendez-vous allemand, 1942.

a. Soulignez les formes verbales conjuguées avec l'auxiliaire ***être*****.**

b. Réécrivez le vers 1 en ajoutant un groupe nominal commençant par la préposition ***par*****.**

....

....

c. Réécrivez la phrase en transformant ce groupe nominal en sujet.

....

bilan **Comparez les vers surlignés. Quelle remarque pouvez-vous faire sur le sens du verbe ?**

....

2 **a. Ajoutez un complément d'agent à ces phrases.**

1. La séance est déclarée ouverte ....

....

2. Les derniers manifestants ont été dispersés peu avant vingt heures ....

3. La toiture risque d'être arrachée ....

....

b. Entourez les numéros des phrases suivantes au passif. Soulignez ensuite leur complément d'agent.

1. Mes amis, je suis ravi à l'idée de vous retrouver bientôt.

2. Ce cadre est redouté de tous ses collaborateurs.

3. Quand le train sera parvenu à destination, faites-moi signe.

4. Les sportifs sont déçus par leurs résultats.

3 **Reliez chaque phrase au temps et à la voix qui lui correspondent.**

La façade **a été démolie** par les ouvriers du chantier. •
Ils **sont allés** avec elle au cinéma. •
Vous **serez reçus** dans quelques minutes. •

• Futur simple, voix passive
• Passé composé, voix passive
• Passé composé, voix active

bilan **Pour identifier le temps d'un verbe conjugué à la voix passive, quel élément faut-il examiner ?**

....

....

Je retiens

1. Le verbe peut être conjugué à l'actif ou au passif.
2. On reconnait la voix passive à l'**auxiliaire** ***être*** et au **complément d'agent**, introduit par la préposition *par* ou *de*, mais parfois sous-entendu.
3. Lorsque l'on change la voix du verbe, le temps, lui, ne change pas.
4. Passer de la voix active à la voix passive transforme **toute la phrase**, et pas uniquement le verbe.

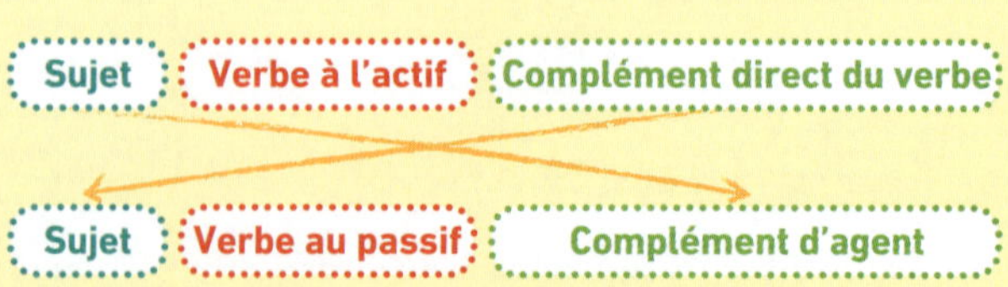

Mes exemples Rédigez une phrase à la voix active avec le verbe *gagner*, puis transformez-la à la voix passive.

1. ....

2. ....

Je m'exerce

Je reconnais la voix du verbe

4 * **Soulignez le ou les éléments qui indiquent la voix du verbe dans les phrases suivantes.**

1. Je vous ai envoyé un colis pour Noël.
2. Toutes furent enchantées du conférencier.
3. Les récoltes auront été plus abondantes cette année.
4. La corbeille est remplie par le marchand.

5 * **Surlignez les phrases dont le verbe est au passif, entourez celles où le participe passé est employé comme adjectif.**

1. François Rabelais était très cultivé.
2. Plusieurs céréales sont cultivées dans la région.
3. La France a été occupée par les Allemands.
4. Laisse-moi, je suis très occupée.

6 ** **Encadrez les éléments en gras qui sont compléments d'agent dans les phrases à la voix passive.**

1. La Reine sera accompagnée **de sa garde**.
2. Le suspect a été suivi **par un détective**.
3. Je l'ai rencontré **par hasard**.
4. Le conférencier fut assailli **de questions par l'auditoire**.

7 ** **Ajoutez un complément d'agent dans chacune des phrases suivantes.**

1. Cette actrice fut admirée ……………
2. Les athlètes étaient soutenus ……………
……………
3. Le président de la République sera élu ……………
……………

Je manipule la construction de la phrase passive

ORTHO

8 ** **Transformez la phrase active en phrase passive. Attention à l'accord du participe passé.**

1. La voisine m'a invitée pour le gouter.
……………
2. Le film qui vient de sortir attire les adolescents.
……………
……………
3. On devrait ramasser les feuilles mortes.
……………

9 ** **Transformez la phrase passive en phrase active. Attention au temps.**

1. Le parcours a été jalonné d'obstacles.
……………
2. Le groupe sera accueilli par le conférencier dans quelques instants. ……………
……………
3. Tu es pardonné pour cette fois, mais ne t'avise pas de recommencer. ……………
……………

J'utilise les voix du verbe à partir d'un texte littéraire

BREVET

10 *** **Réécrivez le texte suivant, en remplaçant « *je* » par « *elle* ».**

> J'avais déjà près de neuf ans lorsque je tombai amoureux pour la première fois. Je fus tout entier aspiré par une passion violente, totale, qui m'empoisonna complètement l'existence et faillit même me coûter la vie.
>
> **R. Gary**, *La Promesse de l'aube*, © Éditions Gallimard, 1960.

……………
……………
……………
……………
……………
……………

J'applique ce que j'ai appris pour écrire

Poursuivez le texte de Romain Gary, en utilisant des phrases au passif pour évoquer les émotions qui assaillent le personnage.

……………
……………
……………
……………
……………
……………
……………
……………
……………
……………
……………

22 Les formes pronominales et impersonnelles

Connaissances et compétences visées

Dans cette leçon, je vais apprendre à :

- ✓ Reconnaitre les verbes pronominaux et impersonnels
- ✓ Mettre un verbe à la forme pronominale ou impersonnelle

J'observe et je manipule

1

Ma tête est plutôt grosse pour mon corps ; j'ai les jambes un peu courtes par rapport à mon torse, les épaules trop étroites relativement aux hanches. Je marche le haut du corps incliné en avant ; j'ai tendance, lorsque je suis assis, à **me tenir** le dos voûté ; ma poitrine n'est pas très large et je n'ai guère de muscles. J'aime à **me vêtir** avec le maximum d'élégance ; pourtant, à cause des défauts que je viens de relever dans ma structure et de mes moyens qui, sans que je puisse **me dire** pauvre, sont plutôt limités, je **me juge** d'ordinaire profondément inélégant ; j'ai horreur de **me voir** à l'improviste dans une glace car, faute de **m'y être préparé**, je **me trouve** à chaque fois d'une laideur humiliante.

M. Leiris, *L'Âge d'homme*,

a. **À qui renvoie le pronom « *me* » dans les verbes en gras ?**

b. **Peut-on le supprimer ?**

c. **Réécrivez la phrase surlignée en jaune en remplaçant « *je* » par « *elle* ».**

bilan **Donnez l'infinitif des verbes en gras. Que devient le pronom ?**

2 **a.** **Dans chacune des phrases suivantes, encadrez le verbe qui comporte un pronom personnel réfléchi.**

1. Il se tient mal à table.
2. Il le juge tout à fait capable de réussir.
3. Je ne tiens pas à lui dire cela.
4. Nous nous sommes préparés à cette éventualité.
5. Ma mère aime à m'habiller avec gout.
6. Habille-toi vite.

b. **Quelle est la particularité des verbes suivants ?**
s'évader • se lamenter • se souvenir • se méfier • s'écrouler • s'évanouir

bilan **À votre avis, pourquoi parle-t-on de verbe *pronominal* ?**

3 **a.** **Dans ces deux phrases, entourez le « *il* » qui ne peut être remplacé par aucune autre personne.**

1. Il ne sera pas dit que nous en resterons là.
2. Il trouve que tu as tort, une fois de plus.

b. **Citez des verbes qui ne peuvent s'employer qu'avec ce pronom :**

bilan **Expliquez la raison pour laquelle on parle de pronom et de verbe *impersonnels*.**

Je retiens

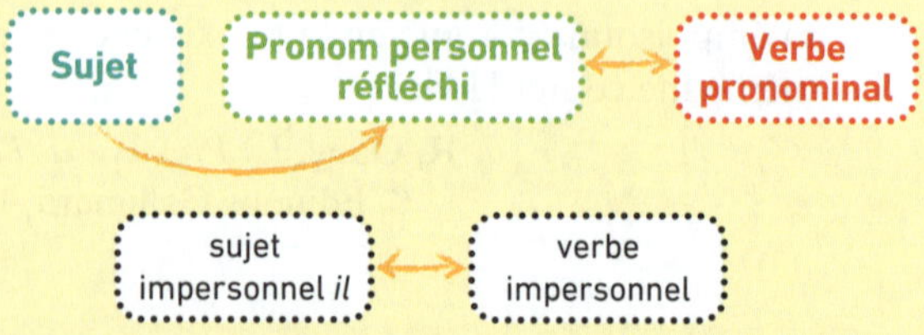

1. Certains verbes peuvent être mis à la **forme pronominale** : il suffit de leur ajouter un **pronom personnel réfléchi** qui renvoie à la même personne que le sujet et qui occupe la fonction de complément du verbe.
2. Les verbes **essentiellement pronominaux** sont ceux qui n'existent qu'à la forme pronominale.
3. Certains verbes sont parfois employés à la **forme impersonnelle** avec le pronom *il* qui ne renvoie alors à personne.
4. On appelle **verbes impersonnels** certains verbes qui ne s'emploient qu'avec ce pronom *il*.

Mes exemples Rédigez une phrase avec un verbe pronominal, puis une autre avec un verbe impersonnel.

1.

2.

Je m'exerce

J'identifie les verbes pronominaux et impersonnels

4 * **Dans les phrases suivantes, soulignez d'un trait les verbes pronominaux, de deux traits les verbes impersonnels.**

1. Il est entré un oiseau dans la maison.
2. Comment se sent-il à présent ?
3. Occupons-nous de cette affaire.
4. Il est grand temps de partir.

5 ** **Entourez les phrases dont le verbe est à la fois pronominal et impersonnel.**

1. Il n'en reste pas moins que je ne suis pas responsable.
2. Il se trouve que j'ai appris cela.
3. Vous vous trouvez dans l'erreur.
4. Il s'est produit un évènement d'importance.

Je mets le verbe à la forme pronominale ou impersonnelle

6 * **Inventez des phrases où les verbes suivants seront à la forme pronominale.**

1. Défaire : ....

2. Apercevoir : ....

3. Attendre : ....

7 * **Utilisez chacun des verbes suivants dans une phrase où le verbe sera à la forme impersonnelle.**

1. Interdire : ....

2. Convenir : ....

3. Arriver : ....

8 ** **Conjuguez les verbes entre parenthèses au passé composé.** ORTHO
Faites attention à l'accord du participe.

1. Mes amies *(se plaire)* .... chez moi, elles *(se promener)* .... tous les jours.

2. Ils *(s'en aller)* .... au bout de trois jours seulement.

3. Ils *(se promettre)* .... de revenir dans la région.

4. Ils sont montés dans l'avion qui *(s'envoler)* .... aussitôt.

9 *** **Dans le texte ci-dessous, soulignez les verbes pronominaux et indiquez leur infinitif. Sont-ils essentiellement pronominaux ?**

> C'est là qu'ils s'arrêtaient pour vivre : ils habitaient une maison basse à toit plat, ombragée d'un palmier [...], au bord de la mer. Ils se promenèrent en gondole, ils se balanceraient en hamac.
>
> D'après **G. Flaubert**, *Madame Bovary*, 1857.

....

Je prépare la dictée BREVET

10 *** **Écrivez la dictée lue par votre enseignant-e. Faites attention au fait que c'est une femme qui écrit. Soulignez les p.p. réfléchis et le pronom de la forme impersonnelle.**

....

J'applique ce que j'ai appris pour écrire

En quelques lignes, faites votre autoportrait en utilisant le plus possible de verbes pronominaux.

....

23 Les périphrases verbales

Connaissances et compétences visées

Dans cette leçon, je vais apprendre à :

✔ Repérer les périphrases verbales

✔ Les utiliser à l'oral comme à l'écrit

J'observe et je manipule

1

HORACE lit.

« **Je veux vous écrire**, et je suis bien en peine par où je m'y prendrai. [...] Comme **je commence à connaître** qu'on m'a toujours tenue dans l'ignorance, j'ai peur de mettre quelque chose qui ne soit pas bien, [...] je sens que je suis fâchée à mourir de ce qu'on me fait faire contre vous, que j'aurai toutes les peines du monde à me passer de vous, et que je serais bien aise d'être à vous. Peut-être qu'il y a du mal à dire cela, mais enfin je ne puis m'empêcher de le dire, et je voudrais que cela se pût faire sans qu'il y en eût. On me dit fort que tous les jeunes hommes sont des trompeurs, qu'il ne les faut point écouter [...] ; mais je vous assure que je n'ai pu encore me figurer cela de vous, et je suis si touchée de vos paroles, que je ne saurais croire qu'elles soient menteuses. Dites-moi franchement ce qui en est [...] »

Molière, *L'École des femmes*, Acte III, scène 4, 1663.

a. Encadrez, dans les groupes de mots en gras, les verbes qui accompagnent un autre verbe à l'infinitif.

b. Quelle nuance de sens apporte chacun de ces verbes ? ....

....

....

c. Soulignez, dans le texte, six exemples de même nature.

bilan **À votre avis, pourquoi parle-t-on de *semi-auxiliaires* ?** ....

....

....

....

2 Reliez les verbes de ces phrases aux étiquettes.

1. Ce haut responsable a failli à son devoir. •

2. Grand-père s'est mis à fredonner un air d'antan. •

3. Je t'en prie, ne laisse entrer personne. •

4. Elle mit ce soir-là ses plus beaux atours. •

• Verbe

• Semi-auxiliaire + Verbe

3 a. Les verbes soulignés sont tous suivis d'un infinitif. Encadrez les semi-auxiliaires.

1. Je cours prévenir les voisins.

2. Nous venons de rencontrer son ami.

3. Reviens prendre un parapluie.

4. Il part sans dire un mot.

5. Je suis loin d'avoir fini de travailler.

6. Le désir me vint d'en avoir le cœur net.

b. Comparez ces deux phrases.

1. Je viens de la gare où j'ai croisé Pierre.

2. Je viens de répondre à sa lettre.

Le sens du verbe est-il le même lorsqu'il est employé seul et lorsqu'il accompagne un verbe à l'infinitif ?

....

....

bilan **Le verbe garde-t-il son sens habituel lorsqu'il est employé comme semi-auxiliaire ?**

....

Je retiens

1. ***Être*** *et* ***avoir*** sont des **auxiliaires** lorsqu'ils servent à conjuguer les verbes aux **temps composés** et à la **voix passive** (uniquement pour *être*).
2. Certains verbes, comme *aller*, *devoir* ou *laisser*, sont des **semi-auxiliaires** lorsqu'ils accompagnent un verbe, à l'infinitif le plus souvent, pour lui apporter une **nuance de sens**. Eux-mêmes n'ont plus tout à fait leur sens habituel ; ils se construisent **avec ou sans préposition**, selon le cas. On parle alors de **périphrases verbales**.

ALLER	VERBE	SEMI-AUXILIAIRE
Exemples de phrases	*Je vais bientôt au lycée.*	*Je vais revenir bientôt.*
Sens du verbe	verbe de mouvement	exprime le futur proche
Construction grammaticale	Verbe + Complément essentiel de lieu	Semi-auxiliaire + Verbe à l'infinitif

Mes exemples Écrivez deux phrases en utilisant *se mettre à* d'abord comme verbe, puis comme semi-auxiliaire.

1. ....

2. ....

Je m'exerce

J'identifie les semi-auxiliaires

4 * Complétez chacune de ces phrases avec la préposition qui convient.

1. L'oiseau venait .... s'envoler du bout de la branche.
2. Nous nous mîmes .... évoquer nos souvenirs.
3. Il commence .... grêler.
4. As-tu fini .... parler ?

5 ** Complétez ces phrases avec un semi-auxiliaire de votre choix.

1. Je .... à lire tous les romans de Zola.
2. Il .... appeler d'ici quelques minutes.
3. Tu .... prendre un raccourci pour arriver à temps.
4. Un ami commun les .... se rencontrer.

6 ** Soulignez les périphrases verbales et indiquez l'idée exprimée.

1. On dut aller vérifier l'orthographe du mot dans le dictionnaire. ....
2. Abrite-toi, il commence à pleuvoir ! ....
3. Nous venions d'arriver quand l'orage éclata. ....

7 ** Indiquez l'infinitif du semi-auxiliaire dans ces phrases.

1. Veuillez m'excuser de cette liberté que j'ai prise. ....
2. Sachez vous tenir correctement. ....
3. Je ne saurais vous pardonner votre conduite. ....
4. Je ne puis m'en remettre. ....

J'utilise les semi-auxiliaires

8 ** Réécrivez ces phrases à l'aide d'une périphrase verbale qui en respectera le sens.

1. Elle est presque tombée à la renverse. ....
2. Il est sans doute arrivé à Sydney. ....
3. Je ne suis pas en mesure de t'accompagner. ....
4. Ils reprirent leur lecture, comme si rien ne s'était passé. ....

9 ** Complétez ces phrases de manière à faire ressortir le sens de la périphrase verbale.

1. Je l'ai laissé ....
2. Tu me fais ....
3. Il ne faut pas ....
4. J'aurais bien voulu ....

Je prépare une dictée — BREVET

10 Relisez l'extrait de *L'École des Femmes* de Molière (exercice 1).

a. * Qui a écrit la lettre ?

❍ une jeune fille ❍ un jeune homme

b. * Relevez les formes de futur simple et de conditionnel présent. Quelle manipulation vous a permis de les identifier ?**

....

J'applique ce que j'ai appris pour écrire

Écrivez à votre tour une lettre dans laquelle vous utiliserez au moins trois périphrases.

....

J'évalue mes acquis — Identifier formes et constructions du verbe

Avez-vous bien compris les leçons sur le verbe, ses formes et ses constructions ? Vérifiez-le en lisant cet extrait et en répondant aux questions d'un des trois groupes.

Si des étudiantes dévalent les rues en bandes joyeuses comme font les étudiants, elles se donnent en spectacle ; marcher à grands pas, chanter, parler fort, rire haut, manger une pomme, c'est une provocation, elles se feront insulter ou suivre ou aborder. L'insouciance devient tout de suite un manque de tenue ; ce contrôle de soi auquel la femme est obligée et qui devient une seconde nature chez « la jeune fille bien élevée » tue la spontanéité ; l'exubérance vivante en est brimée. Il en résulte de la tension et de l'ennui. Cet ennui est communicatif : les jeunes filles se lassent vite les unes des autres ; elles ne s'attachent pas mutuellement à leur prison ; et c'est une des raisons qui leur rend la compagnie des garçons si nécessaire. Cette incapacité à se suffire à soi-même engendre une timidité qui s'étend sur toute leur vie et se marque dans leur travail même. Elles pensent que les triomphes éclatants sont réservés aux hommes ; elles n'osent pas viser trop haut. On a vu que se comparant aux garçons, des fillettes de quinze ans déclaraient : « Les garçons sont mieux. » Cette conviction est débilitante. Elle encourage à la paresse et à la médiocrité.

S. de Beauvoir, *Le Deuxième sexe*, tome II,

Groupe 1

Je repère

1. Entourez avec deux couleurs un participe présent et un adjectif verbal.

2. Dans « *Il en résulte* », le verbe est :

❍ pronominal. ❍ impersonnel. ❍ passif.

3. Indiquez la classe grammaticale du mot souligné : « *qui <u>leur</u> rend la compagnie des garçons si nécessaire* » **(l. 14-15).**

....

Je manipule

4. Remplacez « *marcher à grands pas, chanter, parler fort, rire haut, manger une pomme* » **(l. 3-4), par une phrase injonctive à la 2e personne du singulier.**

....

....

5. Dans « *elles ne s'attachent pas mutuellement à leur prison* » **(l. 12-13), mettez le verbe au conditionnel.**

....

....

J'écris

6. Vous reconnaissez-vous dans le portrait qui est fait des jeunes gens de votre âge ? Présentez votre point de vue en quatre lignes. Vous utiliserez un verbe à la voix passive et une périphrase verbale avec *pouvoir*.

Groupe 1, 2 ou 3 : *je rédige en respectant la consigne 6*

....

....

....

....

....

....

....

....

....

Pédagogie différenciée

Groupe 2

Je repère

1. Entourez avec deux couleurs un participe présent et deux adjectif verbaux.

2. « *Il en résulte* **» : quelle est la classe grammaticale du pronom sujet ?**

❍ Pronom personnel ❍ Pronom impersonnel

3. Indiquez la fonction grammaticale des éléments soulignés : « *qui leur rend la compagnie des garçons si nécessaire* **», (l. 14-15).** ……

……

……

Je manipule

4. Dans « *marcher à grands pas, chanter, parler fort, rire haut, manger une pomme* **» (l. 3-4), remplacez l'infinitif par un mode personnel, de façon à obtenir une phrase injonctive à la 1re personne du singulier.**

……

……

5. Dans « *elles ne s'attachent pas mutuellement à leur prison* **» (l. 12-13), remplacez «** *elles* **» par «** *nous* **» et mettez le verbe au conditionnel présent.**

……

……

J'écris

6. Vous reconnaissez-vous dans le portrait qui est fait des jeunes gens de votre âge ? Présentez votre point de vue en six lignes. Vous utiliserez un verbe à la voix passive, une périphrase verbale et un subjonctif.

Groupe 3

Je repère

1. Entourez avec deux couleurs un participe présent et deux adjectif verbaux. Justifiez votre choix.

……

……

……

2. « *Il en résulte* **» : quelle est la particularité du pronom «** *il* **» ? Comment nomme-t-on un verbe construit de cette façon ?** ……

……

3. Indiquez la fonction grammaticale des éléments surlignés : « *qui leur rend la compagnie des garçons si nécessaire* **» (l. 14-15).** ……

……

……

……

Je manipule

4. Remplacez « *marcher à grands pas, chanter, parler fort, rire haut, manger une pomme* **» (l. 3-4) par une phrase injonctive.** ……

……

5. Dans « *elles ne s'attachent pas mutuellement à leur prison* **» (l. 12-13), remplacez «** *elles* **» par «** *nous* **» et mettez le verbe au conditionnel passé.** ……

……

J'écris

6. Vous reconnaissez-vous dans le portrait qui est fait des jeunes gens de votre âge ? Présentez votre point de vue en neuf lignes. Vous utiliserez un verbe à la voix passive, une périphrase verbale, un subjonctif et un conditionnel.

Compétences évaluées J'évalue mes acquis en complétant chaque smiley.	☺ 😐 ☹
1. J'ai distingué les modes verbaux.	⚇
2. J'ai su reconnaitre les formes pronominale, impersonnelle et passive.	⚇
3. J'ai su identifier les compléments d'un verbe.	⚇

Ce que je sais déjà faire

L'accord du verbe

• Dans cette double page, vous allez pouvoir réviser ce que vous avez appris jusqu'en classe de 4e afin de vous préparer aux leçons qui vont suivre.
• Lorsque vous en avez besoin, vous pouvez consulter la *Boîte à outils* et cocher au fur et à mesure les outils que vous avez utilisés.

Dans les années 1940, une épidémie de peste s'abat sur Oran, en Algérie. Face au drame humain, le docteur Rieux lutte et témoigne au nom de l'humanité.

Le vieux avait raison, les hommes étaient toujours les mêmes. Mais c'était leur force et leur innocence et c'est ici que, par-dessus toute douleur, Rieux sentait qu'il les rejoignait. Au milieu des cris qui redoublaient de force et de durée, qui se répercutaient longuement jusqu'au pied de la terrasse, à mesure que les gerbes multicolores s'élevaient plus nombreuses dans le ciel, le docteur Rieux décida alors de rédiger le récit qui s'achève ici, pour ne pas être de ceux qui se taisent, pour témoigner en faveur de ces pestiférés, pour laisser du moins un souvenir de l'injustice et de la violence qui leur avaient été faites, et pour dire simplement ce qu'on apprend au milieu des fléaux, qu'il y a dans les hommes plus de choses à admirer que de choses à mépriser.

A. Camus, *La Peste*, © Éditions Gallimard, 1947.

Ce que je peux savoir avant de lire l'extrait

a. De combien de phrases se compose cet extrait ?

....

....

b. Quel est le rôle de la ponctuation ?

....

....

....

....

Boîte à outils 1

Je vérifie ma compréhension de l'extrait

c. Quel sentiment Rieux éprouve-t-il à l'égard de ses semblables ?

❍ L'indifférence
❍ Le mépris
❍ La compassion
❍ L'incompréhension

d. À quel endroit du roman se situe cet extrait ? Relevez un indice précis.

....

....

....

....

I Je sais distinguer forme verbale et forme adjective du verbe

a. Reliez chacune des formes suivantes à son étiquette.

décida •	• forme verbale
décidé •	
s'achève •	• forme accordée comme un adjectif qualificatif
apprise •	
hurlantes •	

b. Dans les phrases suivantes, soulignez le participe passé du verbe, d'un trait lorsqu'il est employé comme adjectif, de deux traits lorsqu'il est accompagné d'un auxiliaire.

1. Il avait presque oublié la leçon apprise la veille.
2. La leçon qu'il avait apprise la veille était presque oubliée.

c. Comment sont constituées les formes « *avaient faites* » et « *avaient été faites* » (l. 10) ?

....

....

....

....

....

....

....

Boîte à outils 2

Compétences réactivées

Dans cet atelier, je vérifie que je sais :
✔ Analyser une forme verbale
✔ Accorder une forme verbale

2 *Je sais repérer les marques de temps et de personne dans la terminaison du verbe*

a. **Comparez :** *Rieux décide, décida, décidera, a décidé.* **Qu'est-ce qui a changé ?**

....

....

Boite à outils 3

b. **Comparez :** *Rieux décida, je décidai, nous décidâmes, ils décidèrent.* **Qu'est-ce qui a changé ?**

....

....

3 *Je sais comment s'accorde le verbe*

a. **Justifiez l'accord du verbe « *avaient été faites* ».** ....

....

b. **Conjuguez les verbes aux personnes demandées dans le tableau ci-contre.**

1. le récit qui s'achève	**1.** les lignes qui ....
2. ceux qui se taisent	**2.** celui / celle ....
3. l'injustice et la colère qui avaient été faites	**3. A.** l'injustice qui ....
	B. le mal qui ....
	C. l'injustice et le mal qui ....

c. **Associez les groupes de mots de la première colonne à ceux de la deuxième, de façon à reconstituer toutes les phrases possibles.**

1. Les spectateurs nous... •	• ...servirez les boissons.
2. Nous vous... •	• ...observent.
3. Vous nous... •	• ...verrons sur scène.
4. On... •	• ...chante sous le préau.
5. La plupart des gens... •	• ...préfèrent le train.
6. Tout le monde... •	

Boite à outils 4

d. **Entourez la forme qui convient.**

1. J'ai **été/étaient** accompagné par un chien.
2. Elle **lit/lis** un livre policier avec beaucoup de plaisir.
3. Nous les **aurons/auront** vite retrouvés.
4. L'un des deux enfants **joue/jouent** au ballon dans le jardin.
5. Ils les **observe/observent** pour comprendre ce qu'ils font.
6. Peux-tu/peut-tu me donner ce crayon ?
7. La pâtisserie **a été/a était** mangée en quelques secondes.

4 *Je sais accorder les verbes dans une réécriture*

Réécrivez le début du texte jusqu'à « *rejoignait* » (l. 3).
Vous remplacerez « *les hommes* » par « *vous* » et « *Rieux* » par « *je* ». Faites les modifications nécessaires.

....

....

Boite à outils

❍ **1** Pour identifier les différentes phrases du texte, il faut observer les points (point, point d'interrogation, point d'exclamation et points de suspension).

❍ **2** Certaines formes verbales fonctionnent comme les adjectifs qualificatifs. Elles s'accordent comme eux.

❍ **3** L'accord ne concerne que la marque de la personne dans la terminaison du verbe.

❍ **4** Le sujet est toujours le « donneur d'accord » du verbe.

24 L'attribut du sujet et son accord

Connaissances et compétences visées

Dans cette leçon, je vais apprendre à :
- ✔ Reconnaitre l'attribut du sujet
- ✔ Accorder l'attribut du sujet

J'observe et je manipule

1

Très oiseaux les oiseaux sont très sûrs d'être oiseaux
L'écureuil sait très bien son métier d'écureuil
Les chevaux dans leur peau de cheval sont chevaux
Le lézard sait par cœur l'art de vivre en lézard
La fourrure du chat tient le chat tout entier
Le renard est renard tout le long de l'année
Le poisson est dans l'eau comme un poisson dans l'eau

Mais moi je m'évapore et me perds et me trouve
et ne suis jamais sûr d'être ce que je suis.

C. Roy, « Bestiaire des animaux à l'aise dans leur peau », *Poésies*, © Éditions Gallimard, 1953.

a. **Quel rôle joue le verbe dans la partie de la phrase en gras ?**

b. **D'après vous, pourquoi le nom « *renard* » apparait-il la deuxième fois sans déterminant ?**

c. **Remplacez « *le renard* » par « *les renards* », puis par « *la biche* » et « *les biches* ».**

2 **Dans les phrases suivantes, barrez les groupes qui ne sont pas indispensables à la construction.**

1. En peu de temps, ils sont devenus des adultes, à la faveur des expériences qu'ils ont vécues.

2. Je restai silencieux, en dépit de mon impatience.

3. Que le spectacle de la nature, du haut de la montagne, est propice à la rêverie !

4. La première fois que Juliette vit Roméo, elle tomba folle amoureuse.

bilan **Quelles sont les fonctions grammaticales des mots qui n'ont pas été barrés ?**

3 **Reliez les groupes de mots de la colonne de gauche aux mots de la colonne de droite. Tenez compte de l'accord pour vous aider.**

1. Nous avons été traités de... •	• ...inédite.
2. Il est resté... •	• ...indifférente.
3. Elle s'est montrée... •	• ...menteurs.
4. La situation m'a paru... •	• ...charmant.

4 **Soulignez les phrases ci-contre dont les verbes en gras sont attributifs. Pour le vérifier, essayez de remplacer ces verbes par** *être*.

bilan **Quelle remarque pouvez-vous faire sur le verbe** *marcher* **?**

1. Tu **t'es comporté** en gentleman !

2. **Retrouvons-nous** devant la grille du collège.

3. On **s'appelle** dès demain, si tu veux.

4. Il **est parti** furieux, je n'ai pas compris pourquoi.

5. Je **marchais** seul, plongé dans mes pensées, réfléchissant au parti à prendre.

Je retiens

1. L'attribut du sujet **ne peut pas être supprimé**.

2. L'attribut du sujet **dépend d'un verbe**. Il **dit quelque chose du sujet**. Cette relation qui les unit se traduit par **l'accord**.

Sujet → Verbe → Attribut du sujet

3. Le verbe *être* et ceux que l'on peut remplacer par *être* sont des **verbes attributifs** :
sembler, paraitre, devenir, demeurer, rester, avoir l'air, passer pour, traiter de, être considéré comme...

Mon exemple Rédigez une phrase qui correspond à la structure : Sujet-Verbe-Attribut du sujet.

Je m'exerce

J'identifie l'attribut du sujet

5 * **Reliez chacune des phrases suivantes à son étiquette.**

1. Le mystère reste entier ! •
2. Que Votre Majesté soit la bienvenue. •
3. Nous vous souhaitons à tous la bienvenue. •
4. Je pensais qu'il resterait un peu de potage. •

• attribut du sujet
• complément du verbe

6 ** **Soulignez d'un trait le sujet, de deux traits l'attribut.**

1. Je suis moi, tout simplement !
2. Rudi est peut-être son vrai nom.
3. « *En cet affront mon père est l'offensé*
Et l'offenseur le père de Chimène. » (Corneille)
4. Par bonheur, tu es saine et sauve !
5. Le quartier semble paisible.
6. Je deviendrai un grand acteur !

7 *** **Indiquez la classe ou la nature grammaticale de l'attribut du sujet.**

1. Ses affaires sont **dans un complet désordre**.
....
2. Ce portable est **le mien**, n'y touche pas.
....
3. Mon avis est **que le poste lui ira parfaitement**.
....

J'accorde l'attribut du sujet

ORTHO

8 * **Accordez l'attribut du sujet.**

1. « Je me trouve franchement (*laid*) .... », dit-elle en faisant la coquette.
2. On ne pouvait dire si ses cheveux étaient (*blond*) .... ou (*roux*) ...., à la lumière du soleil.
3. Les artères de la ville lui paraissaient (*interminable*) ....

9 ** **Complétez ces phrases par un attribut du sujet. Attention à l'accord.**

1. Elle a été élue .... à l'unanimité.
2. Le joueur se trouva complètement .... en une soirée.
3. Ils ont vécu .... toute leur vie durant.
4. La reine se croyait .... au monde.

10 *** **Complétez chaque phrase. Vous utiliserez un attribut du sujet de votre choix.**

1. Ces œuvres d'art ....
2. Paul et Julie semblent ....
3. L'idéal serait ....

Je réalise les accords dans un texte

ORTHO

11 a. *** **Accordez les adjectifs comme il convient dans le texte ci-dessous.**

Je vis, *(grand)* ...., *(mince)* ...., le cou *(dégagé)* ...., la tête *(haut)* .... et fièrement *(porté)* ...., passer un jeune homme aux yeux *(pénétrant)* .... et dont la peau était aussi *(blond)* .... et les cheveux aussi *(doré)* .... que s'ils avaient *(absorbé)* .... tous les rayons du soleil.

D'après **M. Proust**,
À l'ombre des jeunes filles en fleurs, 1919.

b. * **Quels sont les deux attributs du sujet ?**

....
....

J'applique ce que j'ai appris pour écrire

Poursuivez le portrait du personnage (exercice 11), en imaginant son identité et son caractère. Faites en sorte d'insérer des attributs du sujet de classes grammaticales différentes. Attention aux accords.

....
....
....
....
....
....
....
....

25 L'attribut du complément direct du verbe et son accord

Connaissances et compétences visées

Dans cette leçon, je vais apprendre à :

✔ Reconnaitre un attribut du complément du verbe

✔ Accorder un attribut du complément du verbe

J'observe et je manipule

1

Gaspard Hauser chante

Je suis venu, calme orphelin,
Riche de mes seuls yeux tranquilles,
Vers les hommes des grandes villes :
Ils ne m'ont pas trouvé malin.

À vingt ans un trouble nouveau
Sous le nom d'amoureuses flammes
M'a fait trouver belles les femmes :
Elles ne m'ont pas trouvé beau.

Bien que sans patrie et sans roi
Et très brave ne l'étant guère,
J'ai voulu mourir à la guerre :
La mort n'a pas voulu de moi.

Suis-je né trop tôt ou trop tard ?
Qu'est-ce que je fais en ce monde ?
Ô vous tous, ma peine est profonde :
Priez pour le pauvre Gaspard !

P. Verlaine, « Gaspard Hauser chante », *Sagesse*, 1880.

a. **Quelle est la fonction grammaticale du mot en vert ?**

b. **Peut-on supprimer les adjectifs surlignés en jaune ?**

c. **Soulignez les mots sur lesquels ils portent.**

d. **Avec combien de compléments le verbe « *trouver* » est-il construit ?**

❍ 1 complément
❍ 2 compléments
❍ 3 compléments

bilan **Que pouvez-vous en déduire sur le rôle de ces éléments ?**

2 « *Elles ne m'ont pas trouvé beau.* » **(v. 8)**

a. **Réécrivez ce vers en remplaçant « *Elles* » par « *Ils* ».**

b. **Réécrivez le vers en remplaçant « *m'* » par « *nous* ».**

bilan **Expliquez comment s'accorde l'adjectif « *beau* ».**

3 **Transformez les attributs du sujet en attributs du complément direct du verbe.**

Ex. *Sa joie est incomplète.* → *J'ai cru sa joie incomplète.*

1. Il est sans patrie. →

2. Elle semble perdue dans cette grande ville. →

bilan **Quelle fonction occupe le sujet de la phrase de départ après transformation ?**

❍ Sujet ❍ Complément direct du verbe ❍ Attribut du sujet

Je retiens

1. L'attribut du complément direct du verbe apporte des informations sur ce complément. **Il ne peut être supprimé** sans modifier radicalement le sens de la phrase.

2. Il **s'accorde en genre et en nombre** avec le complément direct.

Verbe → **Complément direct du verbe** → **Attribut du complément direct du verbe**

Mon exemple Inventez une phrase correspondant au schéma ci-dessous :
Sujet-Verbe-Complément direct du verbe-Attribut du complément.

Je m'exerce

J'identifie l'attribut du complément direct du verbe

4 * **Soulignez les attributs du complément direct du verbe dans ces phrases.**

1. Je les crois parfaitement heureux ensemble.
2. Comment pourrais-je laisser cette mauvaise action impunie ?
3. Le terreau rend les sols plus fertiles.

5 ** **Soulignez d'un trait le complément direct du verbe, de deux traits l'attribut de ce complément.**

1. Je le sais incapable d'une mauvaise action.
2. Il la voulait parfaite.
3. Il nous a rendus complices.

6 ** **Précisez la classe grammaticale des attributs du complément du verbe.**

1. Il la trouva **dans tous ses états**.

....

2. Je considère le voyage comme **la plus passionnante des activités au monde**.

....

3. En voyant ma sœur jumelle, il l'a prise pour **moi**.

....

7 ** **Indiquez la fonction de l'adjectif «** *généreux* **» dans les phrases suivantes.**

1. On le dit généreux.

....

2. « Je voudrais vous secourir », répondit cet homme généreux.

....

3. Ces habitants savent se montrer généreux.

....

J'accorde l'attribut du complément direct du verbe

ORTHO

8 * **Faites l'accord comme il convient dans chacune de ces phrases.**

1. Il les a retenus (*prisonnier*) .... jusqu'à ce qu'ils avouent.

2. La mariée nous veut toutes (*présent*) .... à la cérémonie.

3. Pour mon régime, je choisis les aliments (*pauvre*) .... en calories.

9 ** **Complétez les phrases suivantes en tenant compte de l'accord.**

1. Je juge insupportables ....
2. On prétend .... sauvée.
3. Leurs amis ont été admis comme ....
4. Je trouve .... très modestes.
5. Ses lecteurs considèrent .... comme tout à fait originales.

10 ** **Réduisez les phrases suivantes de manière à obtenir un attribut du complément du verbe. Faites tous les changements nécessaires.**

1. Ils estiment que je suis trop jeune pour partir seul. → ....

2. Je crois que c'est un homme honnête. → ....

Je prépare la dictée

BREVET

11 ** **Retranscrivez ici le texte lu. Relisez-vous. Soulignez l'attribut du complément du verbe.**

....
....
....
....
....
....
....
....

J'applique ce que j'ai appris pour écrire

Décrivez le portrait d'un personnage à travers le regard d'un personnage admiratif. Insérez, autant que vous le pourrez, des attributs du complément direct du verbe.

....
....
....
....
....
....
....
....

26 Les accords du participe passé : cas complexes

Connaissances et compétences visées

Dans cette leçon, je vais apprendre à :

✔ Identifier les cas complexes
✔ Orthographier correctement le participe passé

J'observe et je manipule

1 J'avais quinze ans, quand je partis pour Conakry. […] Je quittais mes parents pour la deuxième fois. Je les avais quittés une première fois […], pour servir d'interprète à un officier qui était venu faire des relevés de terrain dans notre région et en direction du Soudan. […] J'allai dire au revoir aux vieilles gens de notre concession et des concessions voisines, et j'avais le cœur gros. Ces hommes, ces femmes, je les connaissais depuis ma plus tendre enfance, depuis toujours je les avais vus à la place où je les voyais, et aussi j'en avais vu disparaître : ma grand-mère paternelle avait disparu ! Et reverrais-je tous ceux auxquels je disais à présent adieu ?

C. Laye, *L'Enfant noir*, © Plon, 1953.

a. **Encadrez les formes de participe passé dans l'extrait ci-contre.**

b. **Lesquelles vous paraissent faciles à analyser, du point de vue de l'accord ? Donnez les numéros de lignes.**

....

....

c. **Lesquelles vous semblent plus difficiles ?**

....

....

2 **a.** **Faites correspondre chaque forme encadrée dans le texte à un des cas ci-dessous.**

1. participe passé employé avec l'auxiliaire *être* :

....

2. participe passé employé avec l'auxiliaire *avoir*, sans complément direct du verbe : ....

3. participe passé employé avec l'auxiliaire *avoir*, avec un complément direct du verbe antéposé :

....

b. **Deux cas de figure ne sont pas représentés ici. Lesquels ?**

....

....

....

....

c. **Quelle forme ne suit pas la règle habituelle ?** ....

3 **Quel point commun ont ces phrases ?**

1. Des déboires, il en avait connu !

2. J'en ai beaucoup lu, des livres de science-fiction !

....

....

bilan **Formulez la règle avec vos propres mots.**

....

....

....

Je retiens

1. L'orthographe du participe passé employé avec l'auxiliaire *avoir* présente quelques difficultés.
On a parfois du mal à identifier le **complément direct du verbe** :
– lorsqu'il s'agit d'un **pronom personnel ou relatif** ;
– lorsque la **phrase est interrogative ou exclamative**, car l'ordre des mots est modifié.

2. La **règle habituelle ne s'applique pas** lorsque la forme :
– est **suivie d'un infinitif** (du moins généralement) ;
– est **précédée du pronom *en***, qui reprend ou annonce le complément direct du verbe.

Règle de base

Complément direct du verbe	Auxiliaire *avoir*	Participe passé du verbe

accord

Cas particuliers : pas d'accord

Complément direct du verbe	Auxiliaire *avoir*	Participe passé du verbe	***Infinitif***

Complément direct du verbe ***en***	Auxiliaire *avoir*	Participe passé du verbe

Mes exemples Rédigez deux phrases, chacune correspondant à un cas complexe énoncé ci-dessus.

1. ....

2. ....

Je m'exerce

J'identifie le complément direct du verbe

4 * Soulignez le complément direct du verbe dans ces phrases.

1. Quels bienfaits la montagne nous a procurés !
2. Quelles personnes avez-vous prévenues ?
3. Quelle bonne idée tu as eue !
4. Quels spectacles avaient été recommandés ?
5. Quel segment est représenté ici ?
6. Quelles tristes figures vous faites !

5 ** Entourez le pronom qui remplace le nom. Reliez par une flèche le participe passé au nom dont il prend l'accord.

1. Les précautions que tu as prises ont été inutiles.
2. Malgré tous les arguments qu'il a développés, l'avocat n'a pas convaincu.
3. Tes parents, je les ai bien connus !

J'orthographie correctement le participe passé

ORTHO

6 ** Je sélectionne la forme correcte dans chacune des phrases suivantes.

1. Les enfants ? Je les ai **laissé/laissés** jouer dans la cour.
2. Ces dentelles, nous les avons **fait/faites** broder à la main.
3. Ce sont ces grands garçons que j'ai **vu/vus** naitre.

7 ** Transposez au pluriel le sujet de chaque phrase. Faites les modifications nécessaires.

1. Il n'est pas intéressé par ce livre.

....

2. Cette recette, l'enfant l'a beaucoup aimée.

....

8 ** Remplacez les éléments soulignés par un pronom personnel. Faites les accords nécessaires.

1. J'ai quitté <u>mes amis</u>.

....

2. Les enfants ont vu <u>leur grand-mère</u>.

....

3. Avez-vous entendu <u>les pinsons</u> ?

....

9 ** J'écris la forme correcte du verbe au passé composé.

1. J'en (*rencontrer*) ...., des originaux !
2. Des diplômes, il en (*obtenir*) .... quelques-uns.
3. Le cerisier a donné tant de fruits que tu en (*distribuer*) .... à tous !

Je réécris en accordant le participe passé

BREVET

10 * Réécrivez le texte ci-dessous en remplaçant « *ces hommes, ces femmes* » par « *ces arbres* » puis par « *ces maisons* ». Effectuez les transformations nécessaires.**

> Ces hommes, ces femmes, je les connaissais depuis ma plus tendre enfance, depuis toujours je les avais vus à la place où je les voyais, et aussi j'en avais vu disparaître.
>
> **C. Laye**, *L'Enfant noir*, © Plon, 1953.

Ces arbres, ...

....

....

....

Ces maisons, ...

....

....

....

J'applique ce que j'ai appris pour écrire

Poursuivez le texte de Camara Laye (exercice 10) en utilisant le participe passé employé avec l'auxiliaire *avoir*.

....

....

....

....

....

....

....

....

....

....

....

....

27 Les verbes pronominaux et leur accord

Connaissances et compétences visées

Dans cette leçon, je vais apprendre à :

✔ Distinguer le sens des verbes pronominaux

✔ Accorder leur participe passé

J'observe et je manipule

1

Emma Bovary est de retour chez elle après un bal qui l'a ravie.

Son voyage à la Vaubyessard avait fait un trou dans sa vie, à la manière de ces grandes crevasses qu'un orage, en une seule nuit, creuse quelquefois dans les montagnes. Elle **se résigna** pourtant ; elle serra pieusement dans sa commode sa belle toilette et jusqu'à ses souliers de satin, dont la semelle s'était jaunie à la cire glissante du parquet. Son cœur était comme eux : au frottement de la richesse, il s'était placé dessus quelque chose qui ne s'effacerait pas.

Ce fut donc une occupation pour Emma que le souvenir de ce bal. Toutes les fois que revenait le mercredi, elle se disait en s'éveillant : « Ah ! il y a huit jours… il y a quinze jours… il y a trois semaines, j'y étais ! » Et, peu à peu, les physionomies se confondirent dans sa mémoire ; elle oublia l'air des contredanses, elle ne vit plus si nettement les livrées et les appartements ; quelques détails s'en allèrent, mais le regret lui resta.

G. Flaubert, *Madame Bovary*, 1856.

a. « *Elle se résigna* » **: Pourquoi y a-t-il deux pronoms personnels ?**

....

....

....

b. Encadrez les autres exemples de ce type.

bilan **Pourquoi parle-t-on de verbe pronominal ?**

....

....

....

....

2 **a. Parmi ces formes, surlignez celles qui sont pronominales.**

1. Promets-moi de garder le secret.
2. Je lui donnerai un pourboire.
3. Dites-vous bien que la réussite dépend de vous.
4. Surtout, ne t'évanouis pas !
5. Tu te prends pour une grande dame.

b. Parmi ces formes composées, soulignez celles qui sont pronominales.

1. Elle s'est appelée George Sand.
2. Nos parents ne se sont jamais rencontrés.
3. Ils n'ont rien demandé à la mairie.
4. Vous vous serez construit une cabane.
5. Vous l'interrogerez demain.

bilan **Lorsque le verbe pronominal est conjugué à un temps composé, quel auxiliaire est employé ?**

....

3 **Réécrivez les deux phrases suivantes avec l'auxiliaire** *avoir*, **en respectant leur sens. Soulignez le complément direct du verbe dans les phrases avec l'auxiliaire** *être*.

1. Elles s'étaient baignées dans le lac. → Elles avaient .... dans le lac.

2. Elles s'étaient rafraichi le visage. → Elles avaient ....

bilan **Qu'en concluez-vous sur l'accord du participe passé du verbe pronominal ?**

....

Je retiens

1. Un **verbe pronominal** :
– est précédé d'un **pronom personnel complément dit *réfléchi*** car il renvoie au sujet. Il est donc de la même personne que le sujet ;
– se conjugue avec **l'auxiliaire *être*** aux temps composés.

2. Le pronom personnel réfléchi est le plus souvent **complément direct ou indirect du verbe** (ex. *se battre*, *se permettre*).

3. Pour accorder le participe passé, **on remplace *être* par *avoir***. Si le pronom est complément direct, il s'accorde avec le sujet ; sinon, il n'y a pas d'accord.

Verbe pronominal
- avec un pronom personnel complément réfléchi
- se conjugue avec l'auxiliaire *être* (temps composés)

Participe passé d'un verbe pronominal
- **accord avec le sujet** si le pronom personnel est complément direct du verbe
- **pas d'accord avec le sujet** si le pronom personnel est complément indirect du verbe

Mon exemple Rédigez une phrase comportant un verbe pronominal conjugué à un temps composé.

....

Je m'exerce

Je distingue le sens des verbes pronominaux

4 * **Reliez chacune des formes verbales en gras à son étiquette.**

1. Le livre **s'est** bien **vendu**. •
2. Ils **se sont réconciliés** depuis. •
3. Elle **s'était crue** perdue. •
4. La porte **s'est ouverte** ! •
5. Nous **nous sommes installés** ici. •

• Pronominal de sens réciproque
• Pronominal de sens réfléchi
• Pronominal de sens passif

5 * **Dans cette liste, entourez les verbes « essentiellement pronominaux » qui ne peuvent se rencontrer qu'avec un pronom personnel réfléchi.**

se juger • se rire (de) • se souvenir • s'efforcer • s'attendre • se rapprocher • se méfier

J'accorde ou non le participe passé des verbes pronominaux

ORTHO

6 * **Soulignez le complément direct du verbe.**

1. Manon, tu t'es sali les mains en jouant dans le jardin.
2. Manon, tu t'es salie en jouant dans le jardin.

7 * **Dans les phrases suivantes, barrez l'orthographe incorrecte.**

1. Elle s'est **permis/permise** de prendre mon tour.
2. La voiture que tu t'es **acheté/achetée** était hors de prix.
3. Elles se sont **attendu/attendues** sur la place.
4. Les boutiques se seront **fermé/fermées** plus tôt que prévu.
5. Ils se sont **réveillé/réveillés** en douceur.
6. Léa, tu t'es **posé/posée** les bonnes questions.

8 ** **Indiquez si les pronoms personnels réfléchis sont compléments direct ou indirect du verbe.**

1. Les enfants se sont inventé des histoires à faire peur.
❍ Complément direct ❍ Complément indirect
2. Elle s'est regardée dans la glace avant de sortir.
❍ Complément direct ❍ Complément indirect
3. Ils se sont donné mutuellement le courage de poursuivre leur équipée.
❍ Complément direct ❍ Complément indirect
4. Les deux amoureux ne se sont plus quittés depuis ce jour.
❍ Complément direct ❍ Complément indirect

9 ** **Réécrivez chacune de ces phrases à un temps composé.**

1. Nous nous lavons les mains avant de passer à table. → ....
2. Ils se sourient tout le temps. → ....
3. Aucune économie ne se suffit à elle-même.→ ....
4. Les années se succèdent invariablement pour eux.→ ....

Je prépare la dictée

BREVET

10 *** **Écrivez la dictée lue par votre enseignant-e. Relisez-vous. Soulignez les verbes pronominaux.**

....

J'applique ce que j'ai appris pour écrire

Écrivez un texte, à la suite de la phrase suivante, en adoptant le point de vue de Julien. Utilisez des verbes à la forme pronominale.

« Julien n'avait jamais vu un être aussi bien vêtu et surtout une femme avec un teint si éblouissant, lui parler d'un air si doux. » (Stendhal)

....

J'évalue mes acquis Accorder le verbe et l'attribut

Avez-vous bien compris les leçons sur les accords du verbe et de l'attribut ? Vérifiez-le en lisant cet extrait et en répondant aux questions d'un des trois groupes.

Aujourd'hui, maman est morte. Ou peut-être hier, je ne sais pas. J'ai reçu un télégramme de l'asile : « Mère décédée. Enterrement demain. Sentiments distingués. » Cela ne veut rien dire. C'était peut-être hier.

L'asile de vieillards est à Marengo, à quatre-vingts kilomètres d'Alger. Je prendrai l'autobus à deux heures et j'arriverai dans l'après-midi. Ainsi, je pourrai veiller et je rentrerai demain soir. <u>J'ai demandé deux jours de congé à mon patron et il ne pouvait pas me les refuser</u> avec une excuse pareille. Mais il n'avait pas l'air content. Je lui ai même dit : « Ce n'est pas de ma faute. » Il n'a pas répondu. J'ai pensé alors que je n'aurais pas dû lui dire cela. En somme, je n'avais pas à m'excuser. C'était plutôt à lui de me présenter ses condoléances. Mais il le fera sans doute après-demain, quand il me verra en deuil. Pour le moment, c'est un peu comme si maman n'était pas morte. Après l'enterrement, au contraire, ce sera une affaire classée et tout aura revêtu une allure plus officielle.

A. Camus, *L'Étranger*,

Groupe 1

Je repère

1. Dans le passage « *maman est morte* » (l. 1), soulignez le verbe.

2. a. Dans le passage en bleu, l'adjectif est-il supprimable ?

❍ Oui ❍ Non

b. Quelle est sa fonction grammaticale ?

❍ Épithète ❍ Attribut ❍ Apposé

3. « *je n'aurais pas dû* » (l. 14) : donnez l'infinitif du verbe.

....

Je manipule

4. Réécrivez la phrase soulignée en commençant par *Les deux jours de congé…* **Accordez correctement le participe passé.**

....

....

5. Dans le passage en jaune, Le verbe ***s'excuser*** **est :**

❍ pronominal. ❍ impersonnel.

6. Réécrivez le passage en vert en remplaçant « *en deuil* » par « *souffrant* » et « *me* » par « *la* ». Attention à l'accord.

....

J'écris

7. Racontez l'entrevue entre le narrateur et son patron, du point de vue de celui-ci. Votre récit sera rédigé à la première personne et principalement au passé composé. Vous utiliserez le verbe *s'étonner* **et l'adjectif** *insensible***.**

Groupe 1, 2 ou 3 : *je rédige en respectant la consigne 7*

....

....

....

....

....

....

....

Groupe 2

Je repère

1. Quel est le verbe dans la première phrase ?
❍ « est » ❍ « est morte » ❍ « morte »

2. Dans le passage en bleu, l'adjectif qualificatif est :
❍ attribut du sujet. ❍ attribut du complément du verbe.

3. « *je n'aurais pas dû* » : (l. 14) : donnez l'infinitif du verbe. Justifiez l'accent circonflexe.

....

....

Je manipule

4. Réécrivez la phrase soulignée en commençant par *Les deux journées de congé...* Attention à l'accord du participe passé.

....

....

5. Dans le passage en jaune, comment le verbe à l'infinitif est-il construit ? Qu'en concluez-vous ?

....

....

6. Réécrivez le passage en vert en remplaçant « *en deuil* » par un adjectif qualificatif et « *me* » par « *la* ».

....

J'écris

7. Racontez l'entrevue entre le narrateur et son patron, du point de vue de celui-ci. Votre récit sera rédigé à la première personne et principalement au passé composé. Vous utiliserez les verbes *se comporter* et *s'étonner*, ainsi que les adjectifs *insensible* et *contrarié* en fonction d'attribut.

Groupe 3

Je repère

1. Donnez le temps du verbe dans la première phrase.

....

2. Dans le passage en bleu, quelle fonction grammaticale occupe l'adjectif qualificatif ?

....

....

3. Analysez la forme verbale dans le passage « *je n'aurais pas dû* » (l. 14).

....

Je manipule

4. Réécrivez la phrase soulignée en commençant par : *Les deux journées de congé* ....

....

5. Dans le passage en jaune, quelle remarque pouvez-vous faire sur le verbe à l'infinitif ?

....

6. Réécrivez le passage en vert en remplaçant « *en deuil* » par un adjectif et « *me* » par « *la* ».

....

J'écris

7. Racontez l'entrevue entre le narrateur et son patron, du point de vue de celui-ci. Votre récit sera rédigé à la première personne et principalement au passé composé. Vous utiliserez deux verbes pronominaux et deux adjectifs l'un en fonction attribut du sujet ou l'autre du complément du verbe.

Compétences évaluées J'évalue mes acquis en complétant chaque smiley.	☺ 😐 ☹
1. J'ai analysé une forme verbale.	
2. J'ai identifié les fonctions grammaticales liées au verbe.	
3. J'ai su justifier les accords du participe passé et de l'adjectif.	
4. J'ai réinvesti ces connaissances dans une production écrite.	

Ce que je sais déjà faire

La phrase : notions de base

• Dans cette double page, vous allez pouvoir réviser ce que vous avez appris jusqu'en classe de 4e afin de vous préparer aux leçons qui vont suivre.
• Lorsque vous en avez besoin, vous pouvez consulter la *Boîte à outils* et cocher au fur et à mesure les outils que vous avez utilisés.

Dans ce pays heureux, la cupidité était étrangère : ils se faisaient des présents, où celui qui donnait croyait toujours avoir l'avantage. **Le peuple troglodyte se regardait comme une seule famille : les troupeaux étaient presque toujours confondus** ; la seule peine qu'on s'épargnait ordinairement, c'était de les partager.

[...]

Je ne saurais assez te parler de la vertu des Troglodytes. Un d'eux disait un jour : Mon père doit demain labourer son champ ; je me lèverai deux heures avant lui ; et quand il ira à son champ, il le trouvera tout labouré. [...] Il y a un champ qui touche celui de mon père, et ceux qui le cultivent sont tous les jours exposés aux ardeurs du soleil ; il faut que j'aille y planter deux arbres, afin que ces pauvres gens puissent aller quelquefois se reposer sous leur ombre.

Montesquieu, *Lettres persanes*, 1721.

Ce que je peux savoir avant de lire l'extrait

a. Que signifie l'adjectif « *persan* » qui apparait dans le titre de l'œuvre à laquelle cet extrait est emprunté ?

....

....

....

b. À partir de cette information, comment comprenez-vous le titre ?

....

....

....

....

....

Je vérifie ma compréhension de l'extrait

c. Soulignez les propositions qui expriment une idée générale. Que représentent les phrases non soulignées ?

....

....

Boîte à outils 1

d. D'après l'extrait, à quoi les Troglodytes attachent-ils le plus d'importance ?

❍ Ils vivent unis et se soucient les uns des autres.
❍ Ils se lèvent tôt pour travailler la terre.
❍ Ils sont respectueux de la nature.

I Je sais identifier les phrases d'un texte

a. Cochez la ou les bonne(s) réponse(s) selon les affirmations suivantes.

• Une phrase commence par une majuscule. ❍ Vrai ❍ Faux
• Une nouvelle phrase commence après : ❐ un point. ❐ un point d'interrogation. ❐ une virgule. ❐ un point-virgule. ❐ un point d'exclamation. ❐ des points de suspension.

b. Combien de phrases le texte compte-t-il ? ❍ Deux phrases ❐ Cinq phrases ❍ Sept phrases

c. Ajoutez une phrase supplémentaire à la suite du texte. ....

....

d. Quel signe de ponctuation avez-vous utilisé ? ....

....

Boîte à outils 2

Compétences réactivées

Dans cet atelier, je vérifie que je sais :

✔ Délimiter une phrase

✔ Analyser une phrase complexe

2 Je sais délimiter les propositions dans une phrase complexe

a. Dans cette phrase, encadrez les verbes conjugués à un mode personnel.

« *Dans ce pays heureux, la cupidité était étrangère : ils* se faisaient *des présents, où celui qui* donnait croyait *toujours avoir l'avantage.* » **(l. 1-3)**

b. Délimitez par des crochets les propositions de façon à ce que chacune comporte un verbe conjugué.

c. Que remarquez-vous ? ……………………………………

……………………………………………………………………

Boite à outils 3

3 Je sais analyser l'enchainement des propositions

a. Lisez la phrase en gras dans le texte.

b. Les deux propositions contenues dans cette phrase dépendent-elles l'une de l'autre ?

……………………………………………………………………

Observez la ponctuation qui les sépare. Ces deux propositions sont : ❍ coordonnées. ❍ juxtaposées.

c. Réécrivez la phrase en remplaçant les deux-points par un mot coordonnant (conjonction ou adverbe) qui exprimera le lien qui les unit. ……………………………………

……………………………………………………………………

……………………………………………………………………

Les deux propositions que vous avez écrites dépendent-elles l'une de l'autre ? ❍ Oui ❍ Non

Déduisez la nature de ces propositions. Elles sont :

❒ indépendantes. ❒ principales.

❒ coordonnées. ❒ subordonnées.

Boite à outils 4

d. Réécrivez la phrase en utilisant maintenant un mot subordonnant pour exprimer le même rapport logique.

……………………………………………………………………

……………………………………………………………………

……………………………………………………………………

Une des deux propositions obtenues dépend-elle de l'autre ?

❍ Oui ❍ Non

Comment nomme-t-on chacune de ces propositions ?

……………………………………………………………………

4 Je sais coordonner des propositions selon leur nature

a. Quelles propositions peuvent être coordonnées entre elles ?

proposition indépendante •	• proposition indépendante
proposition principale •	• proposition principale
proposition subordonnée •	• proposition subordonnée

b. Quels mots peuvent relier deux propositions ? Complétez la phrase suivante.

Pour coordonner deux propositions, on peut utiliser :

– des conjonctions comme ……………………………………

– des adverbes comme ……………………………………

Boite à outils

❍ 1 L'exemple sert à illustrer l'idée générale. Ex. : Les hommes savent se montrer solidaires = idée générale / Le Téléthon = exemple.

❍ 2 La majuscule suit un signe de ponctuation forte.

❍ 3 Une proposition peut être contenue dans une autre proposition.

❍ 4 Les deux-points peuvent traduire une relation de cause à effet, comme *donc, par conséquent, si bien que.*

28 Les types et les formes de phrase

Connaissances et compétences visées

Dans cette leçon, je vais apprendre à :

✓ Analyser types et formes de phrase

✓ Les employer à l'oral et à l'écrit

J'observe et je manipule

1

Que dites-vous ? Comment ? Je n'y suis pas ; vous plairait-il de recommencer ? J'y suis encore moins. Je devine enfin : vous voulez, Acis, me dire qu'il fait froid ; que ne disiez-vous : « Il fait froid » ? Vous voulez m'apprendre qu'il pleut ou qu'il neige ; dites : « il pleut, il neige. » Vous me trouvez bon visage, et vous désirez de m'en féliciter ; dites : « Je vous trouve bon visage. »

– Mais, répondez-vous, cela est bien uni et bien clair ; et d'ailleurs qui ne pourrait pas en dire autant ?

– Qu'importe, Acis ? **Est-ce un si grand mal d'être entendu quand on parle, et de parler comme tout le monde ?** Une chose vous manque, Acis, […] c'est l'esprit. Ce n'est pas tout : il y a en vous une chose de trop, qui est l'opinion d'en avoir plus que les autres ; voilà la source de votre pompeux galimatias, de vos phrases embrouillées, et de vos grands mots qui ne signifient rien.

J. de La Bruyère, *Les Caractères*, 1688.

a. Dans ce dialogue, quel signe de ponctuation est employé plusieurs fois en fin de phrase ?

❍ Le point d'interrogation ❍ La virgule

❍ Le point d'exclamation ❍ Le point-virgule

b. Dans la phrase en gras, celui qui pose la question attend-il une réponse de son interlocuteur ?

....

....

c. « *dites* » : à quel mode le verbe est-il conjugué ? Que permet d'exprimer ce mode ?

....

....

bilan **Que pouvez-vous en conclure sur les liens entre type de phrase et intention ?**

....

....

2 **a. Encadrez les négations dans le texte.**

b. Un élément n'est pas exprimé dans « *que ne disiez-vous* ». Lequel ? ....

c. Où la négation est-elle généralement placée ?

❍ Elle se situe après le verbe.

❍ Elle encadre le verbe.

bilan **À quelle condition une phrase comportant une négation est-elle donc négative ?**

....

....

3 **a. Soulignez le mot mis en valeur dans la phrase surlignée en jaune.**

b. Soulignez d'autres procédés de mise en valeur dans la suite du texte.

bilan **Quelle intention ces procédés révèlent-ils de la part de celui qui s'exprime ?**

....

....

Je retiens

1. Les types et formes de phrase traduisent la diversité des **intentions** de celui qui les énonce.
2. Cependant, la construction syntaxique ne suffit pas toujours pour comprendre cette intention.
3. Toute phrase est nécessairement de **forme affirmative ou négative**.
4. Elle peut également être **emphatique** si l'un de ses éléments est mis en valeur.

Types de phrase			
Déclaratif	**Interrogatif**	**Injonctif**	**Exclamatif**
Déclarer quelque chose	Poser une question	Donner un ordre, un conseil	Exprimer une émotion
.	?	. !	!

Formes de phrase		
Affirmative	**Négative**	**Emphatique**
Affirmer	Nier, refuser	Mettre en valeur
	Négation	*C'est... que, voilà*

Mes exemples Écrivez une phrase interrogative et négative, puis une phrase déclarative et emphatique.

1. ....

2. ....

Je m'exerce

J'identifie types et formes de phrase

4 * Reliez chaque phrase à son étiquette.

1. Comment as-tu pu me faire une chose pareille ? •
2. Pitié, ne m'abandonnez pas sur cette ile déserte. •
3. Le personnage que tu joues ne cesse de m'intriguer ! •
4. Il n'y aura pas de prochaine fois. •

• Type déclaratif
• Type interrogatif
• Type injonctif
• Type exclamatif

5 * Indiquez le type de phrase.
Précisez si la forme est affirmative ou négative.

1. Aucune ville ne m'avait paru si belle.

....

2. Que ne lui ai-je dit la vérité avant son départ ?

....

3. Ne regarde pas à la dépense, pour cette fois !

....

6 * Soulignez les mots mis en valeur dans ces phrases emphatiques.

1. C'est Bob Dylan qui a reçu le prix Nobel de littérature en 2016.
2. Et tes parents, quand se sont-ils installés à Lyon ?
3. Qu'un mot puisse n'exister que dans une langue, c'est ce qui rend la traduction si difficile.
4. Quant à lui, il rayonnait de joie !

J'emploie types et formes de phrase

ORTHO

7 ** Réécrivez ces phrases de manière à mettre en valeur l'élément souligné.

1. <u>Je</u> me garderai bien d'ajouter un seul mot.

....

2. <u>Le général de Gaulle</u> s'est exprimé au micro de la B.B.C.

....

....

3. Les enfants ont-ils visité <u>ce musée</u> ?

....

8 * Inventez des phrases correspondant au type et à la forme indiqués.**

1. phrase injonctive-négative
→ ....
2. phrase exclamative-emphatique
→ ....
3. phrase interro-négative
→ ....
4. phrase déclarative-emphatique
→ ....

J'analyse les types de phrase dans la réécriture

BREVET

9 a. * Réécrivez ce passage en remplaçant « *vous* » par « *tu* » et faites les modifications nécessaires.**

> Ne songez pas à avoir de l'esprit, n'en ayez point, c'est votre rôle ; ayez, si vous pouvez, un langage simple, et tel que l'ont ceux en qui vous ne trouvez point d'esprit ; peut-être alors croira-t-on que vous en avez.
>
> D'après **J. de La Bruyère**, *Les Caractères*, 1688.

....

....

....

....

b. ** Soulignez, dans votre réécriture, les verbes des phrases de type injonctif.

J'applique ce que j'ai appris pour écrire

Rédigez un dialogue fictif pour critiquer chez votre interlocuteur une certaine manière de s'exprimer.

....

....

....

....

....

....

....

....

....

....

29 La proposition subordonnée complétive

Connaissances et compétences visées

Dans cette leçon, je vais apprendre à :
- ✔ Reconnaître les différents types de propositions subordonnées complétives
- ✔ Les employer à l'oral et à l'écrit

J'observe et je manipule

1 a. Reliez ces débuts et fins de phrases pour former des phrases correctes. Plusieurs réponses sont possibles.

1. Je me demande... •	• ... s'ils viendront.
2. Elle regardait... •	• ... que le travail soit bien fait.
3. Tu voudrais... •	• ... les gens manger.
	• ... ce chaton.

b. Quelle est la fonction de ces fins de phrases ?
❍ Complément du verbe
❍ Complément de phrase

c. Parmi elles, quel est l'intrus qui se distingue par sa nature ?
....
....

bilan **Pourquoi ces constructions (sauf l'intrus) se nomment-elles** *subordonnées complétives* **?**
....

2 Voici des phrases avec des propositions subordonnées, en gras. Quelles fonctions ces propositions occupent-elles dans les phrases ? Reliez-les aux bonnes étiquettes.

1. Que tes rêves se réalisent est mon vœu le plus cher. •	• Attribut du sujet
2. Mon vœu le plus cher est **que tes rêves se réalisent**. •	• Complément de l'adjectif
3. Il est ravi **que vous soyez enfin arrivé**. •	• Sujet
4. La possibilité **qu'ils tombent d'accord** est quasi nulle. •	• Apposition
5. Elle expliqua alors son projet : **que nous formions ensemble un groupe de musique**. •	• Complément du nom

3 a. Soulignez les paroles prononcées par Cacambo dans le texte ci-dessous.

Au pays d'Eldorado, Candide et Cacambo s'apprêtent à rencontrer le roi.

Cacambo demanda à un grand officier comment il fallait s'y prendre pour saluer Sa Majesté : si on se jetait à genoux ou ventre à terre ; si on mettait les mains sur la tête ou sur le derrière ; si on léchait la poussière de la salle ; en un mot, quelle était la cérémonie.

Voltaire, *Candide*, 1759.

b. Réécrivez le début, jusqu'à « *terre* **», en commençant par :**
Cacambo demanda à un grand officier : ....
....
....

c. Réécrivez la phrase suivante en commençant par la fin : *Comme ces coutumes sont différentes des nôtres ! C'est incroyable !* ....
....

bilan **Qu'est-ce qui change ?** ....

Je retiens

1. La proposition subordonnée complétive occupe la même fonction dans la phrase qu'un **groupe nominal complément du verbe**, d'où son nom.
2. Mais elle peut être également : sujet, complément du nom, complément de l'adjectif, attribut du sujet, apposition.
3. On distingue **trois types de complétives** : l'infinitive, la conjonctive et l'interrogative ou exclamative indirecte.

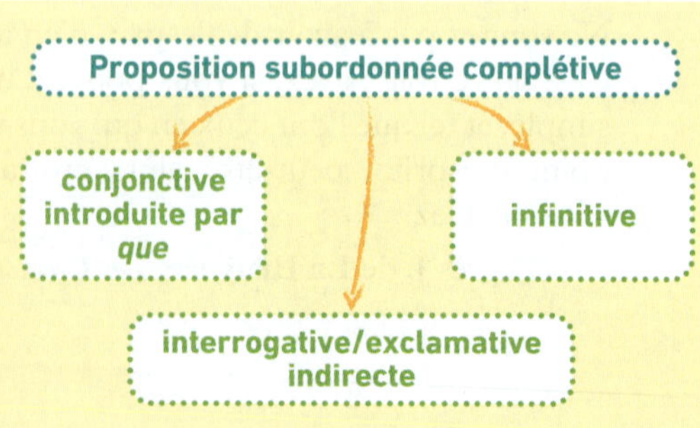

Mes exemples *Je vois bien...* Ajoutez une proposition subordonnée complétive de façon à obtenir deux phrases différentes.

1. ....

2. ....

Je m'exerce

Je distingue les propositions subordonnées

4 * Mettez entre crochets chaque proposition subordonnée dans ces phrases.

1. Il me semble qu'elle avait dit qu'il passerait dans la matinée.

2. Je voudrais bien savoir ce que ce film a de si intéressant pour vous.

3. Je regarde les gens passer avec indifférence.

4. On verra, en lisant ses lettres, combien Mme de Sévigné souffre de l'éloignement de sa fille.

5 ** Soulignez en bleu les propositions subordonnées complétives si elles sont conjonctives, en rouge si elles sont interrogatives indirectes.

1. Je sais que rien ne t'arrête.

2. Je ne sais quelle fantaisie lui a pris de partir si tôt.

3. Je demande que l'on m'écoute patiemment.

4. Nous nous demandions pourquoi il avait à ce point changé.

6 * Quelle est la nature des propositions subordonnées introduites par *ce que* ? Reliez aux bonnes étiquettes.**

1. Tu as tort de te fier à ce qu'elle avance. •

2. Je me réjouis de ce que tu te ranges à mon avis. •

3. Tu te réjouiras de ce qu'elle a dit sur toi. •

4. Montre-moi ce que tu as dessiné de beau. •

5. J'ignore ce que tu as fait pour parvenir à un tel score. •

• Proposition subordonnée conjonctive

• Proposition subordonnée interrogative indirecte

• Proposition subordonnée relative

J'emploie les propositions subordonnées complétives de manière consciente

ORTHO

7 * Conjuguez le verbe au mode et au temps qui conviennent.

1. Il est inutile que son père *(croire)* .... lui faire plaisir en lui offrant une moto.

2. Vous auriez dit qu'il ne *(savoir)* .... plus parler.

3. Je voudrais tant qu'il nous *(dire)* .... la vérité.

4. Il est possible qu'on lui *(faire)* .... un cadeau.

5. Je pense que le sport te *(faire)* .... le plus grand bien.

8 ** Inventez une phrase comportant une proposition subordonnée complétive qui correspondra aux consignes suivantes.

1. infinitive, complément direct du verbe

....

....

2. conjonctive, complément du nom

....

....

Je prépare la dictée

BREVET

9 * Écrivez la dictée lue par votre enseignant-e. Relisez-vous. Isolez les propositions subordonnées complétives par des crochets.**
Aide : *s'échauffer la bile*.

....

....

....

....

....

....

....

....

....

J'applique ce que j'ai appris pour écrire

Que pensez-vous de l'amitié ? Écrivez un petit texte pour donner vos arguments.
Vous utiliserez des propositions subordonnées complétives de différents types.

....

....

....

....

....

....

....

....

....

30 Le mot *que*

Connaissances et compétences visées

Dans cette leçon, je vais apprendre à :
- ✔ Distinguer les classes grammaticales de *que*
- ✔ Utiliser « que » dans la variété de ses emplois

J'observe et je manipule

1

Green

Voici des fruits, des fleurs, des feuilles et des branches
Et puis voici mon cœur qui ne bat que pour vous.
Ne le déchirez pas avec vos deux mains blanches
Et qu'à vos yeux si beaux l'humble présent soit doux.

J'arrive tout couvert encore de rosée
Que le vent du matin vient glacer à mon front.
Souffrez que ma fatigue à vos pieds reposée
Rêve des chers instants qui la délasseront.

P. Verlaine, « Green »,
Romances sans paroles (extrait), 1874.

a. **Soulignez dans la première strophe du texte une autre forme du mot « *que* ».**

b. **Dans ce vers, le verbe est :**
❍ à l'indicatif. ❍ au subjonctif.
❍ à l'impératif.

c. **Qu'en est-il du verbe du vers précédent ?** ....

bilan **Que pouvez-vous en déduire ?** ....
....

2 **a.** **Dans la partie en jaune, soulignez le mot qui va avec *que*.**

b. **Cochez la phrase qui a un sens équivalent.**
❍ *Mon cœur bat seulement pour vous.*
❍ *Mon cœur bat plus que le vôtre.*
❍ *Nos cœurs battent à l'unisson.*

bilan **Le sens de la phrase est-il affirmatif ? négatif ? restrictif ?** ....
....
....

3 **Réécrivez le vers 2 en remplaçant « *qui* » par « *que* ».**
Respectez le nombre de syllabes et la rime. ....

4 **a.** **Dans la deuxième strophe, entourez les deux *que*.**

b. **Mettez entre crochets la proposition subordonnée qu'ils introduisent.**

c. **Lequel de ces deux *que* a un antécédent ?** ....

bilan **Quelle est la classe grammaticale de ce premier *que* ?**
❍ Pronom relatif ❍ Conjonction de subordination

Je retiens

1. *Que* est un des mots les plus utilisés de la langue française. Ses emplois sont très variés. Il est essentiellement **pronom**, **conjonction de subordination** et **adverbe**.
2. Il s'utilise parfois avec un autre élément dans la phrase (une négation par exemple).
3. Il accompagne aussi **un verbe au subjonctif** pour exprimer l'ordre, le souhait ou la défense. On parle alors de *béquille* du subjonctif.

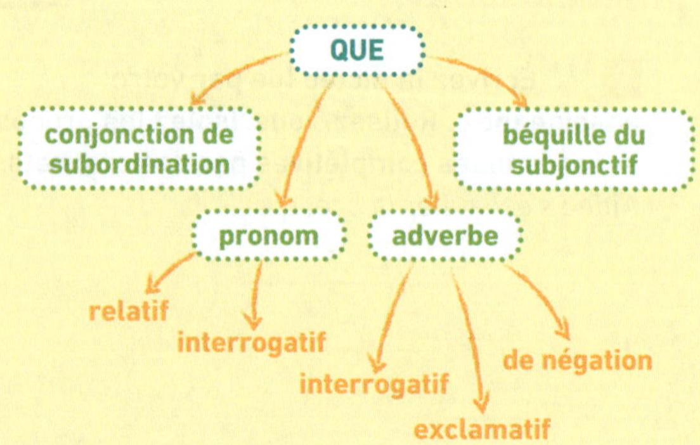

Mes exemples Rédigez quatre phrases comportant chacune un *que* dans l'ordre suivant : pronom, adverbe, conjonction de subordination et béquille du subjonctif.

1. ....
2. ....
3. ....
4. ....

Je m'exerce

J'identifie la classe grammaticale de « que »

5 * **Complétez chacune de ces phrases avec le mot qui manque.**

1. Il est .... fort qu'il n'y parait.
2. Elle est .... maligne qu'elle réussira.
3. .... ton frère que j'ai aperçu hier.
4. .... que le soleil se couche, plus rien ne bouge.
5. .... que vous ayez fait, je ne vous en veux pas.

6 * **Soulignez l'antécédent de *que* dans ces phrases.**

1. De ces deux bijoux, je préfère celui que tu portes.
2. J'ai été impressionné par la somme de savoirs que le conférencier possède.
3. Sais-tu ce que tu vas faire ?
4. Étourdi que je suis, j'ai encore oublié mon devoir !

7 ** **Reliez chacun des *que* de ces phrases à sa classe grammaticale.**

1. L'enfance **qu'**a vécue Romain Gary l'a marqué à tout jamais. •
2. Te rends-tu compte **que** je t'attends depuis une heure ? •
3. Il faut bien **que** tu songes à ton avenir. •
4. Roméo et Juliette éprouvèrent un attendrissement de leur cœur **qu'**ils n'avaient encore jamais connu. •

• Pronom relatif
• Conjonction de subordination

J'utilise « que » dans la variété de ses emplois

8 * **Ponctuez les phrases suivantes.**

1. Que faites-vous là, assis sur le trottoir ....
2. Que d'histoires pour si peu ....
3. Que ne le disiez-vous plus tôt ....
4. Que tu m'amuses avec tes plaisanteries ....

9 * **Complétez les phrases ci-dessous.**

1. Cet enfant est si timide que ....
....
2. Je me réjouis rien que ....
....

10 ** **Réécrivez ces phrases en utilisant *que* accompagné d'un autre mot.** BREVET

1. Le vieil homme a pu se relever seulement avec l'aide d'un passant.
....
2. Ce roman est attachant ; je retarde le moment de lire la fin.
....
3. Le chêne est robuste, mais le roseau est plus résistant.
....

J'analyse « que » dans un texte littéraire

11 *** **Dans le texte suivant, soulignez tous les *que* puis indiquez la classe grammaticale de chacun.**

Victor Hugo retranscrit le procès de Claude Gueux, condamné à mort en 1832.

Claude jugea que tout n'était pas dit. Il se leva à son tour. Il parla de telle sorte qu'une personne intelligente qui assistait à cette audience s'en revint frappée d'étonnement. Il parait que ce pauvre ouvrier contenait bien plutôt un orateur qu'un assassin.

V. Hugo, *Claude Gueux*, 1834.

....
....
....
....

J'applique ce que j'ai appris pour écrire

De quelle autre œuvre de Victor Hugo pourriez-vous rapprocher l'extrait de Claude Gueux (exercice 10) ? Pour répondre, utilisez au moins trois *que* de classes grammaticales différentes.

....
....
....
....
....
....
....
....

31 Les nuances des compléments de phrase

Connaissances et compétences visées

Dans cette leçon, je vais apprendre à :

- ✔ Distinguer complément de phrase et complément du verbe
- ✔ Les utiliser dans les phrases simples et complexes

J'observe et je manipule

1

Quand le soir approchait je descendais des cimes de l'île et j'allais volontiers m'asseoir au bord du lac, sur la grève, dans quelque asile caché ; là le bruit des vagues et l'agitation de l'eau fixant mes sens et chassant de mon âme toute autre agitation la plongeaient dans une rêverie délicieuse où la nuit me surprenait souvent sans que je m'en fusse aperçu. Le flux et reflux de cette eau, son bruit continu mais renflé par intervalles frappant sans relâche mon oreille et mes yeux, suppléaient aux mouvements internes que la rêverie éteignait en moi et suffisaient pour me faire sentir avec plaisir mon existence, sans prendre la peine de penser.

J.-J. Rousseau, *Les Rêveries du promeneur solitaire*, 1776-1778.

a. Quelle impression la longueur des phrases produit-elle ?

....

b. D'après vous, le texte privilégie :

❒ l'action. ❒ la réflexion.
❒ la description.
❒ l'expression des sentiments.

c. Dans la partie en gras, soulignez les éléments qui renseignent sur le temps et le lieu de l'action.

d. Pouvez-vous en supprimer ou en déplacer certains ? Si oui, mettez-les entre parenthèses.

bilan **Que remarquez-vous ?** ....

2 **a. Surlignez deux adverbes dans les lignes 4 à 8 qui donnent des indications de lieu et de temps.**

b. Quelle nuance de sens apporte l'adverbe « *volontiers* » (l. 2) ? ....

bilan **Quel rôle jouent les compléments de phrase ?**

....

3 **a.** « *Quand le soir approchait je descendais des cimes de l'île* » **(l. 1-2)**

Réécrivez la phrase en remplaçant la proposition en jaune par un groupe nominal de même sens.

....

b. La phrase en est-elle bouleversée ? ....

bilan **Que pouvez-vous en déduire ?** ....

Je retiens

1. La phrase est constituée de **deux éléments obligatoires : le sujet et le verbe**, accompagné ou non de ses compléments.
2. Elle peut être enrichie par des **compléments déplaçables et supprimables**, qui renseignent sur les circonstances de l'action.
3. Les compléments de phrase expriment donc des nuances variées et peuvent être de natures différentes.

Compléments de phrase
lieu, temps, manière, moyen, accompagnement, cause, conséquences, but, comparaison

- **GN, pronom, infinitif** avec ou sans préposition
- **Proposition subordonnée conjonctive** conjonction de subordination
- **Adverbe** manière ***-ment***

Mon exemple Rédigez une phrase avec un complément de phrase choisi dans le schéma ci-dessus.

....

Je m'exerce

Je distingue compléments du verbe et compléments de phrase

4 * **Reliez chaque complément à l'étiquette qui lui correspond.**

1. Van Gogh a peint la nuit étoilée. •
2. J'ai travaillé toute la nuit pour boucler le dossier. •
3. Nous avons rapporté du marché aux puces un beau vase de Chine. •
4. L'aiguilleur parle du haut de la tour de contrôle. •

• Complète le verbe

• Complète la phrase

5 ** **Parmi les compléments soulignés, entourez ceux qui sont indispensables.**

1. Mon collègue va à Rome tous les mois.
2. Ils se sont rencontrés cet été à Rome.
3. Un kilo de plomb ou de plumes pèse toujours un kilo.
4. Quels articles le marchand a-t-il pesés sur cette balance ?
5. Ils ont hérité cette maison de leur grand-oncle.

J'utilise les compléments de phrase dans des phrases simples ou complexes

6 ** **Enrichissez les phrases suivantes à l'aide de plusieurs compléments de phrase.**

1. Toute la famille part en vacances.

..................., toute la famille part .... en vacances ....

2. Les enfants jouent.

..................., les enfants jouent ....

3. Mon histoire te fait rire.

..................., mon histoire te fait rire ....

7 ** **Complétez ces phrases en ajoutant un ou des compléments de phrase en suivant les indications entre parenthèses.**

1. Il a agi *(Cause)* ....
2. Nous irons faire réparer tes lunettes *(Temps)* ....
3. J'ai regardé le film *(Manière)* ....
4. La jeep s'élance *(Lieu + But)* ....
5. J'ai entrepris ce long voyage *(But)* ....

8 ** **Remplacez la proposition subordonnée par un GN de même sens dans ces phrases.**

1. Quand tu reviendras, nous organiserons une fête. ....
2. Il a cessé de jouer, parce qu'il avait mal au genou. ....
3. Je tiens l'enfant sur la poutre, de peur qu'il tombe. ....
4. Partons en balade, même si le temps est maussade. ....

Je prépare la dictée — BREVET

9 *** **Écrivez la dictée lue par votre enseignant-e. Relisez-vous. Soulignez chaque complément de phrase.**

....

J'applique ce que j'ai appris pour écrire

Vous vous promenez à travers la campagne. Faites une description de ce paysage en évoquant vos émotions et réflexions de promeneur-se. Utilisez plusieurs compléments de phrase.

....

32 Les compléments de phrase : but, cause, conséquence et temps

Connaissances et compétences visées

Dans cette leçon, je vais apprendre à :

✔ Reconnaitre la nuance exprimée par un complément circonstanciel

✔ Utiliser ces compléments à l'écrit

J'observe et je manipule

1 *La scène se déroule durant les journées révolutionnaires de 1848.*

Tout à coup la Marseillaise retentit. Hussonnet et Frédéric se penchèrent sur la rampe. C'était le peuple. **Il se précipita dans l'escalier**, en secouant à flots vertigineux des têtes nues, des casques, des bonnets rouges, des baïonnettes et des épaules, si impétueusement, **que des gens disparaissaient dans cette masse grouillante** qui montait toujours, comme un fleuve refoulé par une marée d'équinoxe, avec un long mugissement, sous une impulsion irrésistible. En haut, elle se répandit, et le chant tomba.

G. Flaubert, *L'Éducation sentimentale*, 1869.

a. **Qu'exprime l'adverbe « *Tout à coup* » ?**
❍ La cause ❍ Le temps ❍ La conséquence

L'action est-elle soudaine ? ❍ Oui ❍ Non

b. **Réécrivez la première phrase en déplaçant l'adverbe.** ....

c. **Réécrivez cette même phrase en supprimant l'adverbe.** ....

La phrase a-t-elle encore du sens ?
❍ Oui ❍ Non

d. **Surlignez dans le texte un adverbe exprimant la même notion.**

2 **a.** **Réécrivez la deuxième phrase en ajoutant un complément à la fin. Il indiquera l'intention de Hussonnet et Frédéric.**

....

b. **Quelle idée avez-vous exprimée ?** ❍ La cause ❍ La conséquence ❍ Le but

3 **a.** **Les termes en gras « *que des gens* » expriment-ils une cause ou un résultat ?** ....

Le rapport exprimé est donc :
❍ la cause. ❍ la conséquence. ❍ le but.

b. **Quel serait le rapport inverse ?** ....

bilan **Quelle est la fonction grammaticale de l'ensemble de ces groupes ?**

....

4 **a.** **Dans la phrase ci-dessous, quel est le rapport exprimé ?** ....

Je vais lui écrire puisqu'il me demande de lui répondre.

b. **Réécrivez la phrase dans un rapport inverse.**

....

bilan **Quel(s) élément(s) avez-vous modifié(s) ? Quel est le nouveau rapport exprimé ?**

....

....

Je retiens

1. Les **compléments de phrase** peuvent correspondre à un groupe nominal, un groupe prépositionnel, un groupe infinitif, un adverbe ou une proposition subordonnée.
2. Ils apportent des **précisions sur les actions évoquées** et établissent des liens entre elles.
3. Ils peuvent **exprimer des nuances différentes**, en fonction des termes qui les introduisent.

	Temps	But	Cause	Conséquence
Groupes	à partir de, jusqu'à, dès, avant, après, pendant, au début de, à la fin de, au cours de, au moment de, depuis…	pour, dans le but de, afin de, de peur de, de crainte de…	à cause de, grâce à, en raison de, du fait de, faute de, pour cause de…	à, au point de…
Propositions subordonnées	quand, lorsque, avant que, après que, alors que, dès que, aussitôt que, jusqu'à ce que, comme, depuis que…	pour que, afin que, de peur que, de crainte que…	parce que, vu que, comme, puisque, étant donné que, dès lors que, non que…	de sorte que, si bien que, si … que, tellement … que, assez/trop … pour que, au point que…

Mes exemples Rédigez deux phrases dont chacune comportera un type de complément de phrase.

1. ....

2. ....

Je m'exerce

J'identifie les compléments de but, cause, conséquence et temps

5 ** **Indiquez la nuance exprimée dans chaque phrase.**

1. Ne t'approche pas trop du soleil, de peur que la cire de tes ailes ne fonde. ❍ But ❍ Cause
2. Elle fit tant et si bien qu'elle remporta les primaires. ❍ Cause ❍ Conséquence
3. Les négociations ayant été interrompues, le conflit redoubla de violence. ❍ But ❍ Cause
4. Comme je manque de temps, je vais prendre un taxi. ❍ Temps ❍ Cause

6 ** **Corrigez les erreurs contenues dans les analyses grammaticales ci-dessous.**

1. La boutique est fermée, pour cause de départ en vacances : but → ....
2. Comme j'arrivai, je fus bousculée par la foule qui se pressait aux portes : cause → ....
3. Ces fruits exotiques étaient d'une sorte que je n'avais jamais vue : conséquence → ....

J'utilise les compléments de but, cause, conséquence et temps

7 ** **Complétez les phrases suivantes de manière à exprimer la notion donnée entre parenthèses.**

1. Les hommes sont prêts à combattre *(But)* ....
2. La satire est parfois subtile *(Cause)* ....
3. Big Brother vous regardait *(Conséquence)* ....

8 ** **Inventez des phrases qui contiendront les éléments indiqués.**

1. assez ... pour que → ....
2. en dépit de → ....
3. puisque → ....

9 ** **Réécrivez ces phrases de manière à inverser le rapport exprimé.** BREVET

1. L'employé jugea si inacceptable le refus de son patron qu'il partit en claquant la porte.
....
2. Comme il brandissait de sa main le drapeau révolutionnaire, les baïonnettes le prirent pour cible.
....
3. Le peuple réclamait du pain, si bien que l'on crut simplement à une émeute.
....

J'emploie les compléments de phrase dans un texte littéraire

ORTHO

10 *** **Complétez le texte à votre façon, et de manière cohérente. Insérez des compléments de but, de cause, de conséquence et de temps.**

.........., à la place du trône, un avenir de bonheur illimité avait paru ; .... vengeance .... affirmer sa possession, brisa, lacéra les glaces et les rideaux, les lustres, les flambeaux, les tables, les chaises, les tabourets, tous les meubles, jusqu'à des albums de dessins, jusqu'à des corbeilles de tapisserie. ...., ne fallait-il pas s'amuser ?

D'après **G. Flaubert**, *L'Éducation sentimentale*, 1869.

J'applique ce que j'ai appris pour écrire

Imaginez que vous faites partie d'une association de défense des loups. Écrivez un discours pour convaincre quelqu'un de rallier votre cause. Vous utiliserez des compléments de phrase variés.

....

33 Les compléments de phrase : comparaison, condition, opposition et concession

Connaissances et compétences visées

Dans cette leçon, je vais apprendre à :
- ✓ Reconnaitre la nuance exprimée par un complément de phrase
- ✓ Utiliser ces compléments de phrase à l'écrit

J'observe et je manipule

1 *Le monstre créé par Frankenstein croit pouvoir être compris d'un vieillard aveugle et de sa famille. Mais…*

En cet instant, la porte du chalet s'ouvrit, et Félix, Safie et Agathe entrèrent. Qui peut décrire leur horreur et leur consternation en m'apercevant ? Agathe s'évanouit ; et Safie, incapable de porter secours à son amie, s'enfuit de la maison ; Félix se précipita en avant, et, avec une force surnaturelle, m'arracha des genoux de son père que je tenais embrassés ; dans un transport de fureur il me précipita sur le sol et me frappa violemment avec un bâton. **J'aurais pu séparer ses membres les uns des autres**, comme le lion déchire l'antilope. **Mais mon courage s'effondra comme sous l'influence d'une langueur profonde, et je me contins.** Je le vis sur le point de me frapper à nouveau ; accablé de douleur et d'angoisse, je quittai le chalet, et au milieu du désordre général je me réfugiai dans ma hutte sans être vu.

M. Shelley, *Frankenstein*, 1818.

a. Encadrez, dans le texte, un complément de comparaison.

b. Par quel autre groupe de mots de même sens pourriez-vous le remplacer ?

....

c. Indiquez le rapport logique qui unit les éléments en gras.

....

d. La créature est forte physiquement. À quoi pouvait-on s'attendre de sa part ?

❍ On pouvait s'attendre à ce qu'elle se protège des coups et riposte.

❍ On pouvait s'attendre à ce qu'elle s'enfuie en courant.

e. Quel mot précis confirme votre point de vue ? Entourez-le dans le texte.

bilan **À votre avis, pourquoi parle-t-on dans ce cas de *cause inopérante* ?**

❍ La force physique de la création entraine la conséquence attendue.

❍ La force physique de la créature n'entraine pas la conséquence attendue.

2 **a. Reliez les étiquettes pour composer des phrases justes.**

1. La créature de Frankenstein fait peur… •	• …comme… •	• les humains doivent l'être.
2. La créature voudrait être traitée… •	• …à condition qu'… •	• elle a le cœur bon.
3. La créature peut être appréciée… •	• …alors qu'… •	• on ne la voie pas.

b. Pour chacun des mots ou locutions employés, cochez le synonyme qui convient.

- *comme* → ❍ parce que ❍ de la même manière que
- *à condition que* → ❍ si ❍ puisque
- *alors que* → ❍ tandis que ❍ de peur que

bilan **Quelles nuances ont été exprimées ?**

....

....

Je retiens

1. Les **compléments de phrase** apportent des **précisions** sur les actions évoquées par les verbes et établissent divers liens entre elles.

2. Ils peuvent exprimer la **comparaison**, la **condition**, l'**opposition** et la **concession**.

3. Parfois, c'est le **subjonctif** ou le **conditionnel** qui doivent être employés dans les **propositions subordonnées**, en fonction du terme introducteur.

	Comparaison	Condition	Opposition	Concession
Groupes	comme, tel, ainsi que	à condition de, en cas de	au lieu de, contre	malgré, en dépit de
Propositions subordonnées	comme, de même que, plus / moins / aussi… que, tel que	– si + indicatif – au cas où + conditionnel – à condition que + subjonctif – en admettant que + subjonctif – pourvu que + subjonctif – à supposer que + subjonctif	alors que, tandis que, au lieu que	– bien que + subjonctif – quoique, quand, bien même + conditionnel – même si + indicatif

Mes exemples Rédigez une phrase qui comptera un type de complément circonstanciel.

....

Je m'exerce

J'identifie la nuance exprimée par les compléments de phrase

3 * **Dans les phrases suivantes, soulignez le complément qui exprime une opposition. Surlignez celui qui exprime une concession.**

1. Il défend ce candidat, alors que nous le critiquons vivement.
2. Même si je ne suis pas là à midi, vous pouvez déjeuner au restaurant !

4 * **Indiquez la nuance exprimée dans ces phrases.**

1. Elle n'est pas venue, en dépit de la promesse que je lui avais arrachée. ....

2. Si tu le souhaites, je pourrai t'épauler dans cette tâche. ....

3. Tu es blond, alors que ton frère est brun.

....

5 ** **Sélectionnez la réponse exacte pour chaque phrase.**

1. Comme on fait son lit, on se couche.
❍ Comparaison ❍ Temps

2. Elle est grande pour ses dix ans.
❍ But ❍ Concession

3. Orphée joue si bien qu'il enchante la nature entière.
❍ Concession ❍ Conséquence

J'utilise les compléments de phrase à l'écrit

6 ** **Remplacez chaque proposition subordonnée par un groupe de même sens.**

1. Bien que des efforts aient été consentis, la rupture devint bientôt inévitable. ....

....

2. Les parcs resteront fermés si la tempête souffle.

....

3. Il s'est porté candidat, alors que je le lui avais déconseillé. ....

7 ** **Dans chaque phrase, conjuguez le verbe au mode qui convient.** ORTHO

1. Quoique la pluie *(continuer)* .... à tomber dru, nous nous remîmes en route.

2. Le taux d'abstention est important, alors même que le vote *(être)* .... un droit civique fondamental.

3. Quand bien même il *(apporter)* .... l'argent demain, l'affaire nous échapperait.

8 *** **Réécrivez ce texte en remplaçant « *elle* » par « *ils* » et les compléments de phrase soulignés par d'autres de même sens.** BREVET

<u>Quoi qu'il arrive</u>, elle resterait fidèle, travaillerait dur, exécuterait les ordres qui lui seraient donnés, accepterait le commandement de Napoléon. [...] Telles étaient ses pensées, <u>même si elle manquait de mots pour les exprimer</u>.

G. Orwell, *La Ferme des animaux*,

....

....

....

....

....

J'exprime la concession

9 *** **À partir de ces énoncés, rédigez une phrase qui exprimera la concession.**

1. Le réchauffement climatique est un sujet préoccupant.

....

....

....

2. Je ne crois pas aux revenants.

....

....

....

J'applique ce que j'ai appris pour écrire

Écrivez la dictée lue par votre enseignant-e. Relisez-vous. Soulignez chaque complément de condition.

....

....

....

....

....

....

....

34 Les emplois du subjonctif

Connaissances et compétences visées

Dans cette leçon, je vais apprendre à :

✔ Connaitre les formes et emplois du subjonctif
✔ L'utiliser dans la variété de ses emplois

J'observe et je manipule

1

Les habitants de Paris sont d'une curiosité qui va jusqu'à l'extravagance. Lorsque j'arrivai, je fus regardé comme si j'avais été envoyé du ciel : vieillards, hommes, femmes, enfants, tous voulaient me voir. [...] Je ne me croyais pas un homme si curieux et si rare ; et, quoique j'aie très bonne opinion de moi, je ne me serais jamais imaginé que je dusse troubler le repos d'une grande ville où je n'étais point connu.

Montesquieu, *Lettres persanes*, 1721.

a. Entourez une forme de subjonctif présent.
Donnez l'infinitif : ....

Quelle nuance exprime la conjonction qui précède cette forme ? ....

b. Soulignez une forme de subjonctif imparfait.
Précisez l'infinitif. ....

Le verbe de la principale dont cette forme dépend exprime : ❍ une certitude. ❍ une pensée incertaine.

c. Ces formes sont utilisées dans une proposition :
❍ indépendante. ❍ principale. ❍ subordonnée.

bilan **D'après ces observations, le mode subjonctif est-il un mode du fait réalisé, de la certitude ?**

....

2 a. Complétez chacune de ces phrases avec une forme conjuguée du verbe *être*.

1. Je crois que les Parisiens .... curieux.
2. Je ne crois pas que les Parisiens .... curieux.

b. Quelle est la différence de mode entre les deux phrases ? ....

c. Comparez les deux phrases. Entourez les éléments de la phrase 2 qui n'apparaissent pas dans la phrase 1. Qu'expriment-ils ? ....

bilan **Qu'est-ce qui, selon vous, justifie le changement de mode ?**

....

3 a. Complétez ces autres phrases avec des formes conjuguées du verbe *être*.

1. Je crois que les Parisiens .... curieux.
2. Que les Parisiens .... curieux, je le crois.

b. Qu'est-ce qui change ? ....

bilan **Que pouvez-vous en conclure ?**

....

c. À votre tour, écrivez deux phrases construites de la même manière que dans le a., avec le verbe « penser ».

1. ....
2. ....

Je retiens

1. Le **subjonctif** est un mode qui se définit **par opposition à l'indicatif**.
2. L'indicatif rend compte d'une **action présentée comme réelle** dans le passé, le présent ou le futur.
3. Le subjonctif envisage l'action **par l'esprit**, comme un souhait, une intention, une obligation ou une supposition.
4. Le mode subjonctif s'emploie essentiellement dans une **proposition subordonnée**, mais il connait quelques emplois en **proposition autonome** (principale ou indépendante).

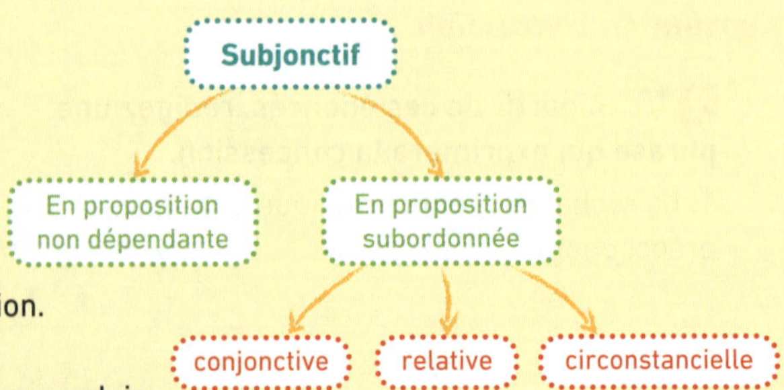

Mes exemples Rédigez deux phrases au subjonctif : la première dans une proposition indépendante, la seconde dans une proposition subordonnée.

1. ....
2. ....

Je m'exerce

J'identifie les formes et les emplois du subjonctif

4 * **Les verbes en gras sont-ils à l'indicatif ou au subjonctif ? Cocher la bonne réponse.**

1. **Vive** la liberté !
❍ Subjonctif ❍ Indicatif
2. Donne-lui ce plan, afin qu'il ne **s'égare** pas.
❍ Subjonctif ❍ Indicatif
3. Je vous plaignais lorsque vous **rentriez** accablés de fatigue.
❍ Subjonctif ❍ Indicatif
4. Ce n'est pas que je **m'ennuie**, mais il faut que je vous quitte.
❍ Subjonctif ❍ Indicatif

5 * **Qu'exprime le subjonctif dans chacune de ces phrases ?**

1. Moi, que je me plie à tes volontés !
....
2. Que la paix soit avec toi.
....
3. Soit un triangle ABC.
....
4. Que tu partes ou que tu restes, peu importe.
....

6 ** **Reliez chacune de ces phrases à son étiquette.**

1. Il faut que vous **ouvriez** la salle à 8 heures. •
2. Allons, qu'il **entre** ! •
3. Ce film n'a rien qui **puisse** choquer. •
4. Pourvu qu'il **soit** encore là ! •

• Subjonctif en proposition principale ou indépendante
• Subjonctif en proposition subordonnée

J'utilise le subjonctif dans la variété de ses emplois

ORTHO

7 * **Conjuguez le verbe comme il convient dans chacune de ces phrases.**

1. Il est hors de question que tu *(prendre)* .... des risques.
2. Je connais un poète qui *(se définir)* .... comme un artisan des mots.
3. Je n'aimais pas la science-fiction, jusqu'à ce que j' *(voir)* .... *2001 : L'Odyssée de l'espace.*

8 ** **Complétez les phrases suivantes.**

1. Je ne pense pas que ....
....
2. Il est le seul qui ....
....
3. Je souhaiterais que ....
....
4. Vous reviendrez, à moins que ....
....

Je réécris en manipulant le subjonctif

BREVET

9 *** **Réécrivez les deux dernières phrases de l'extrait des *Lettres persanes* (exercice 1, l. 2 à 10) en remplaçant « *je* » par « *nous* ». Soulignez les changements effectués.**

....
....
....
....
....
....
....
....

J'applique ce que j'ai appris pour écrire

Écrivez, comme dans l'exercice 1, un texte court dans lequel vous décrirez une apparence ou un comportement qui a pu paraitre extravagant aux yeux des autres. Vous utiliserez le subjonctif.

....
....
....
....
....
....
....
....

35 Les emplois du conditionnel

Connaissances et compétences visées

Dans cette leçon, je vais apprendre à :

✓ Reconnaitre les formes et valeurs du conditionnel

✓ Les utiliser de manière adaptée

J'observe et je manipule

1

« Comprenez-moi bien. Le mariage pour moi n'est pas une chaîne, mais une association. J'entends être libre, tout à fait libre de mes actes, de mes démarches, de mes sorties, toujours. Je ne pourrais tolérer ni contrôle, ni jalousie, ni discussion sur ma conduite. Je m'engagerais, bien entendu, à ne jamais compromettre le nom de l'homme que j'aurais épousé, à ne jamais le rendre odieux ou ridicule. Mais il faudrait aussi que cet homme s'engageât à voir en moi une égale, une alliée, et non pas une inférieure ni une épouse obéissante et soumise. Mes idées, je le sais, ne sont pas celles de tout le monde, mais je n'en changerai point. Voilà. »

G. de Maupassant, *Bel-Ami*, 1885.

a. **Comment est conjugué le verbe surligné en jaune ?**

....

b. **Soulignez deux autres formes semblables.**

c. **Le personnage qui parle est-il certain que les actions des verbes se réaliseront ?**

....

....

bilan **Qu'est-ce qui est exprimé ici, à votre avis ?**

....

....

2 **a.** **Comment est conjugué le verbe surligné en vert ?** ❍ Conditionnel passé ❍ Imparfait du subjonctif

b. **Comment cette action se situe-t-elle par rapport au verbe de la principale ?**

❍ L'action se situe avant. ❍ L'action se situe après.

bilan **Que constatez-vous sur l'emploi d'un temps composé au conditionnel ?**

....

3 **a.** **« *changerai* » est un :**

❍ indicatif futur. ❍ conditionnel présent.

b. **Quelle partie de cette forme verbale vous a permis de trouver la bonne réponse ?**

....

....

bilan **Expliquez la différence de sens entre ces deux temps.**

Au futur, l'action est présentée comme ....

Au conditionnel, elle est envisagée comme ....

Je retiens

1. Le conditionnel est considéré tantôt comme **un mode**, tantôt comme **un temps**. Cela s'explique par le fait qu'il possède à la fois des valeurs modales et des valeurs temporelles.
2. Ses valeurs modales se comprennent par opposition au futur de l'indicatif. Le conditionnel envisage l'action avec **incertitude**. On le rencontre notamment dans le **système hypothétique** (action possible ou impossible).
3. Comme temps, il permet d'exprimer un **futur par rapport à un repère passé**. Il est couramment employé dans le **discours indirect** lorsque le verbe principal est au passé.
4. Le choix du conditionnel présent ou passé est souvent lié à la règle de **concordance des temps**.

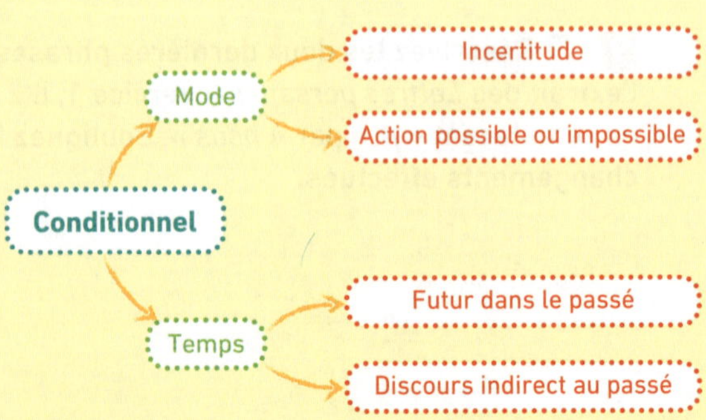

Mes exemples Rédigez deux phrases, l'une où le conditionnel est employé comme un temps, l'autre comme un mode.

1. ....

2. ....

Je m'exerce

J'identifie les formes et les valeurs du conditionnel

4 * Dans chaque groupe de verbes, entourez ceux au conditionnel présent.

1. je pourrai • je pourrais • Je pouvais
2. tu dirais • tu disais • tu diras
3. on prendra • on prenait • on prendrait
4. nous écririons • nous écrivions • nous écrirons

5 ** Dans chaque groupe de verbes, surlignez ceux au conditionnel passé.

1. j'aurai été • je serais • j'aurais été
2. tu aurais dit • tu auras dit • tu avais dit
3. elle sera partie • elle serait partie • elle partirait
4. ils seront allés • ils furent allés • ils seraient allés

6 * Reliez chaque phrase à son étiquette.

1. On n'aurait retrouvé aucun indice. •
2. Pourriez-vous patienter encore ? •
3. Aurais-tu peur des fantômes ? •

• Atténuation
• Incertitude
• Éventualité

J'utilise le conditionnel de manière adaptée

ORTHO

7 * Conjuguez le verbe comme il convient dans chacune de ces phrases.

1. Si je dors neuf heures, je *(pouvoir)* .... enfin récupérer de ma fatigue.
2. Il *(être)* .... bien embarrassé, si nous le prenions sur le fait.
3. J' *(aimer)* .... mieux qu'on en reste là.

8 ** Complétez les phrases suivantes. Veillez à la concordance des temps.

1. Si les droits des femmes ont progressé, ...
2. Si nous étions privés de ....
3. Si tu avais eu ....
4. Si vous pouviez voir ....
5. Si elles étaient arrivées plus tôt, ...

9 ** Réécrivez les phrases suivantes au discours indirect.

1. Il m'a dit : « Je viendrai pendant les grandes vacances. »
....
2. « Paris sera toujours une fête », a-t-elle fini par reconnaitre.
....
3. Je m'écriai alors : « J'ignore encore comment je répondrai à sa demande ! »
....

Je réécris en conjuguant le conditionnel

BREVET

10 * Réécrivez l'extrait de *Bel-Ami* jusqu'à « *ni discussion sur ma conduite* » (l. 1-6), en imaginant que ce n'est pas une femme, mais un collectif de femmes qui s'exprime.**

....

J'applique ce que j'ai appris pour écrire

Exprimez votre propre conception du mariage, en utilisant le conditionnel de façon dominante.

....

J'évalue mes acquis

Comprendre et utiliser les différentes structures de la phrase

Avez-vous bien compris les leçons sur la phrase ?
Vérifiez-le en lisant cet extrait et en répondant aux questions d'un groupe.

Monsieur le Président
Je vous fais une lettre
Que vous lirez peut-être
Si vous avez le temps.

Je viens de recevoir
Mes papiers militaires
Pour partir à la guerre
Avant mercredi soir.

Monsieur le Président
Je ne veux pas la faire
Je ne suis pas sur terre
Pour tuer des pauvres gens.

C'est pas pour vous fâcher
Il faut que je vous dise
Ma décision est prise
Je m'en vais déserter.

Depuis que je suis né
J'ai vu mourir mon père
J'ai vu partir mes frères
Et pleurer mes enfants.

Ma mère a tant souffert
Qu'elle est dedans sa tombe
Et se moque des bombes
Et se moque des vers. […]

Si vous me poursuivez
Prévenez vos gendarmes
Que je n'aurai pas d'armes
Et qu'ils pourront tirer.

Le Déserteur, paroles de **B. Vian**, musique de H. B. Berg,

Groupe 1

Je repère

1. Associez chacune de ces étiquettes aux phrases ci-dessous.

Proposition subordonnée complétive
Proposition subordonnée de conséquence
Proposition subordonnée relative

- « *Je vous fais une lettre/Que vous lirez peut-être* » : ……………
- « *Ma mère a tant souffert/Qu'elle est dedans sa tombe* » : ……………
- « *Prévenez vos gendarmes/Que je n'aurai pas d'armes* » : ……………

2. Dans la phrase « *Il faut que je vous **dise* », le verbe en gras est :** ❍ à l'indicatif. ❍ au subjonctif.
Soulignez ce qui justifie ce mode.

3. Dans la phrase « *C'est pas pour vous fâcher* », que remarquez-vous au sujet de la négation ?

……………

Je manipule

4. Transformer la proposition « *Depuis que je suis né* » en GN de même fonction et de même sens.

……………

5. « *Si vous avez le temps, vous lirez cette lettre* » : réécrivez cette phrase en remplaçant « *avez* » par « *aviez* ».

……………

J'écris

6. Développez trois arguments contre la guerre. Vous insérerez une phrase exclamative et un complément de cause.

Groupe 1, 2 ou 3 : *je rédige en respectant la consigne 6*

……………
……………
……………
……………
……………
……………

Groupe 2

Je repère

1. Précisez quel type de proposition est introduit par le mot *que* dans les trois phrases suivantes :

- « *Je vous fais une lettre/Que vous lirez peut-être* » :
- « *Ma mère a tant souffert/Qu'elle est dedans sa tombe* » :
- « *Prévenez vos gendarmes/Que je n'aurai pas d'armes* » :

2. Dans la phrase « *il faut que je vous dise* », quel mode est utilisé dans la proposition subordonnée ? Justifiez son emploi.

3. La phrase « *Prévenez vos gendarmes/Que je n'aurai pas d'armes* » est :

❒ affirmative. ❒ négative.
❒ déclarative. ❒ injonctive.

Je manipule

4. « *Depuis que je suis né* » : Donnez la fonction de cette proposition subordonnée. Par quoi pourrait-on la remplacer ?

5. « *Si vous avez le temps, vous lirez cette lettre* » : remplacez le présent de la subordonnée par un imparfait, et modifiez ce qui doit l'être.

J'écris

6. Développez, à votre tour, au moins trois arguments contre la guerre. Vous ferez en sorte d'insérer dans votre production une phrase exclamative, une phrase emphatique et un complément de cause.

Groupe 3

Je repère

1. Indiquez la classe grammaticale du mot *que* dans les trois phrases suivantes.

- « *Je vous fais une lettre/**Que** vous lirez peut-être* » :
- « *Ma mère a tant souffert/**Qu'**elle est dedans sa tombe* » :
- « *Prévenez vos gendarmes/**Que** je n'aurai pas d'armes* » :

2. Dans la phrase « *il faut que je vous dise* », justifiez l'emploi du mode de « *dise* ».

3. Indiquez le type et la forme de cette phrase : « *Prévenez vos gendarmes/Que je n'aurai pas d'armes* ».

Je manipule

4. « *Depuis que je suis né* » : Donnez la fonction de cette proposition. Par quoi pourrait-on la remplacer ?

5. « *Si vous avez le temps, vous lirez cette lettre* » : remplacez le présent de la subordonnée par un imparfait. À quel temps et à quel mode le verbe de la principale est-il alors ?

J'écris

6. Développez, à votre tour, au moins cinq arguments contre la guerre. Vous ferez en sorte d'insérer dans votre production une phrase emphatique et un complément de cause.

Compétences évaluées J'évalue mes acquis en complétant chaque smiley.	☺ 😐 ☹
1. J'ai reconnu les types et formes de phrase.	
2. J'ai analysé la phrase complexe.	
3. J'ai justifié l'emploi des modes.	
4. J'ai réinvesti mes connaissances dans une production écrite.	

Ce que je sais déjà faire

Des mots au texte

• Dans cette double page, vous allez pouvoir réviser ce que vous avez appris jusqu'en classe de 4e afin de vous préparer aux leçons qui vont suivre.

• Lorsque vous en avez besoin, vous pouvez consulter la *Boîte à outils* et cocher au fur et à mesure les outils que vous avez utilisés.

Il y a des lettres, des consonnes, des voyelles, la bouche, la respiration, la langue, les dents, la voix. Comment ça s'enchaîne, voilà le problème. Et puis ça se produit c'est le déclic, ça s'ouvre, ça se déroule, je passe comme si je traversais un fleuve à pied sec. Me voici de l'autre côté du mur du son, **sur la rive opposée**, à l'air libre. J'entends ma mère dire ces mots magiques : « Eh bien, tu sais lire. » Là, je me lève, je cours, ou plutôt **je vole** dans l'escalier, je sors, je cours comme un fou dans le grand pré aux chevaux et aux vaches, j'entre dans la forêt en contrebas, n'arrêtant pas de me répéter « je sais lire, je sais lire » [...].

Je sais lire. Autrement dit : *Sésame, ouvre-toi*. Et **la caverne aux trésors** s'ouvre. Je viens de m'emparer de l'arme absolue. Toutes les autres sont illusoires, mortelles, grotesques, limitées, ridicules.

P. Sollers, *Un vrai roman, Mémoires*,

Je repère l'origine du texte

a. De quelle œuvre ce texte est-il extrait ? Qui en est l'auteur ?

....

....

b. D'après son titre, le livre est :

❍ une autobiographie.
❍ une fiction.

Je vérifie ma compréhension de l'extrait

c. Quel évènement de sa vie le narrateur raconte-t-il ?

Encadrez les passages qui vous permettent de répondre à cette question.

....

....

J'observe les mots dans la phrase

d. Quelles remarques pouvez-vous faire sur la construction de la première phrase et sur sa signification ?

....

....

....

....

....

....

....

e. Quel mot de la deuxième phrase confirme votre réponse ?

....

1 Je sais identifier la situation d'énonciation

a. Cochez la bonne réponse.

• **Le destinataire est :**
❍ une foule. ❍ le lecteur. ❍ le public.
❍ un ami de l'énonciateur.

• **Ce texte a pour but de :**
❍ convaincre. ❍ raconter. ❍ renseigner.
❍ mettre en scène des personnages.

• **Cet extrait provient :**
❍ d'une lettre. ❍ d'une pièce de théâtre.
❍ d'un récit. ❍ d'un poème.

Boîte à outils 1

b. Soulignez les mots qui révèlent la présence du narrateur dans le texte. Quelles informations nous donnent-ils sur ce dernier ?

....

c. Entourez dans le texte les paroles qui n'appartiennent pas au narrateur. Comment les avez-vous identifiées ?

....

....

Boîte à outils 2

Compétences réactivées

Dans cet atelier, je vérifie que je sais :
- ✔ Identifier la situation d'énonciation
- ✔ Comprendre l'implicite d'un texte
- ✔ Dégager le sens d'un texte

2 *Je sais comprendre l'implicite*

a. Quels sont les deux champs lexicaux présents dans la première phrase ?

....

Qu'indiquent-ils sur la manière dont l'enfant apprend à lire ? ....

Boite à outils 3

b. Écrivez une phrase dans laquelle les expressions en gras de l'extrait sont utilisées au sens propre.

....

....

....

Quelle est cette « *caverne aux trésors* » dont parle le texte ?

....

....

Boite à outils 4

3 *Je sais dégager le sens d'un texte*

a. Expliquez la réaction du personnage dans le passage en vert dans le texte. Écrivez une phrase qui donnerait un autre sens à cette réaction.

....

....

....

....

b. Le narrateur pense s'être emparé de « *l'arme absolue* **». Cette expression vous semble-t-elle adaptée ?**

....

....

....

....

c. Illustrez dans le cadre ci-dessous la couverture d'un livre qui se nommerait *La Caverne aux trésors*.

Avez-vous donné à cette expression la même signification que dans le texte ? ❍ Oui ❍ Non

La Caverne aux trésors

Boite à outils 5

Boite à outils

- ❍ 1 Tous les textes n'ont pas la même intention ni la même forme. Repérer le genre (poème, lettre, récit…) auquel un extrait appartient nous permet de mieux le comprendre.
- ❍ 2 Il existe dans un texte des indices d'énonciation : qui parle ? à qui ? quand ? où ?
- ❍ 3 Un champ lexical donne au texte son unité en permettant d'identifier un thème. En établissant des liens entre les différents thèmes, il est possible de comprendre le texte dans sa globalité.
- ❍ 4 Un élément d'un texte peut être introduit sans être expliqué immédiatement. Des indices situés plus loin dans le texte peuvent ensuite nous aider à le comprendre.
- ❍ 5 La signification des mots peut dépendre du contexte et différer de leur sens premier. Dans le réseau que constitue un texte, les mots prennent des significations particulières : c'est la connotation.

36 La situation d'énonciation dans le récit

Connaissances et compétences visées

Dans cette leçon, je vais apprendre à :
- ✓ Identifier énonciation de récit et énonciation de discours
- ✓ Écrire un récit en utilisant correctement les deux types d'énonciation

J'observe et je manipule

1 Un jour vers midi du côté du parc Monceau, sur la plate-forme arrière d'un autobus à peu près complet de la ligne S (aujourd'hui 84), j'aperçus un personnage au cou fort long qui portait un feutre mou entouré d'un galon tressé au lieu de ruban. Cet individu interpella tout à coup son voisin en prétendant que celui-ci faisait exprès de lui marcher sur les pieds chaque fois qu'il montait ou descendait des voyageurs. Il abandonna d'ailleurs rapidement la discussion pour se jeter sur une place devenue libre. [...]

R. Queneau, « Récit », *Exercices de style*,

a. Encadrez les verbes conjugués dans le texte ci-contre. Quels temps sont utilisés ?

....

....

b. Pouvez-vous repérer la présence du destinataire de ce texte ?

❍ Le destinataire est mentionné dans le texte.
❍ Le destinataire n'est pas mentionné dans le texte.

bilan Le destinataire est-il présent au moment de l'énonciation ?

❍ Oui ❍ Non

2 Le policier s'approcha prudemment de la porte. Un voisin l'avait alerté : des cris de douleur s'échappaient de cet appartement. Il tendit l'oreille et entendit clairement les hurlements étouffés d'un homme qui se faisait battre. Sans hésiter, l'agent ouvrit la porte d'un coup de pied.

– Ne bougez plus, ordonna-t-il en entrant dans la pièce.

L'agresseur lâcha son bâton et la victime s'extirpa d'un sac dans lequel elle était enfermée. Tous deux regardaient le policier avec étonnement.

– Il y a erreur, dit l'agresseur. Nous répétons une pièce de théâtre. Je suis Scapin. Vous connaissez Molière ?

a. Dans le texte ci-contre, entourez les signes qui marquent un changement d'énonciation.

b. Que se passe-t-il dans cette nouvelle situation d'énonciation ? ....

....

c. Analysez les temps et modes utilisés dans cette nouvelle situation d'énonciation. ....

....

....

bilan Déduisez le type d'énonciation produit dans la deuxième partie de l'extrait.

....

3 a. Soulignez les phrases dont la compréhension dépend de la situation d'énonciation.

1. Non, je ne viendrai plus jamais te voir.
2. Le musicien sortit sa guitare et se mit à jouer une vieille chanson.
3. Le public écoute, attentif à la moindre respiration de la chanteuse.
4. Avez-vous aimé le spectacle ?
5. Tu ne devrais pas te décourager, il n'est jamais trop tard pour apprendre.

b. Vous avez repéré l'énonciation de discours. Quelles sont ses caractéristiques ?

....

....

....

....

Je retiens

1. Dans un récit, l'énonciateur ne s'adresse pas à un destinataire à un moment précis. L'**énoncé dans le récit** est coupé de la situation d'énonciation.
2. L'énonciation de récit utilise principalement les **temps du passé** et **la troisième personne**.
3. Un récit peut utiliser l'**énonciation de discours**, en particulier dans les passages dialogués. L'énoncé est alors ancré dans une situation d'énonciation.

Énonciation de récit	Énonciation de discours
Énonciateur : 1re ou 3e personne. Passé simple Imparfait	1re pers., parfois 3e pers. Passé composé Imparfait Présent

Mes exemples Inventez une phrase proposant une énonciation de discours, une seconde décrivant une énonciation de récit.

1. ....
2. ....

Je m'exerce

J'identifie l'énonciation de récit et l'énonciation de discours

4 * **Vrai ou faux ? Pour définir la situation d'énonciation d'un texte, on cherche à connaitre :**

1. qui en est l'auteur. ❍ Vrai ❍ Faux
2. qui en est l'énonciateur. ❍ Vrai ❍ Faux
3. qui en est le destinataire. ❍ Vrai ❍ Faux
4. quelles sont les circonstances de l'échange (lieu et temps). ❍ Vrai ❍ Faux

5 * **Surlignez les phrases s'il s'agit d'une énonciation de discours, soulignez-les s'il s'agit d'une énonciation de récit.**

1. Qu'as-tu appris à l'école aujourd'hui ?
2. Les élèves avaient pris l'habitude d'utiliser leur sac pour délimiter le terrain de football.
3. Enfant, je passais des heures à lire dans ma chambre.
4. Aviez-vous vos affaires de sport la semaine dernière ?

6

Hier j'ai peint quelques études où l'on voit la cathédrale. Et j'en ai également une petite du parc. Néanmoins, je préfère peindre les yeux des hommes que les cathédrales, car dans les yeux, il y a quelque chose qu'il n'y a pas dans les cathédrales, même si elles sont majestueuses et qu'elles en imposent, l'âme d'un homme [...] est plus intéressante à mes yeux.

V. Van Gogh, Lettre à T. Van Gogh, 1885.

a. * **Dans ce texte, soulignez chaque verbe conjugué.**

b. * **Quels sont les temps employés ? À quelle personne le texte est-il écrit ?**

....

....

c. ** **Quel type d'énonciation est utilisé dans ce texte ?** ❍ L'énonciation de récit ❍ L'énonciation de discours

Je réécris en modifiant le type d'énonciation

BREVET

7 ** **Réécrivez ce texte en employant une énonciation de discours. Vous utiliserez la 1re personne du singulier.**

Charles monta, au premier, voir le malade. Il le trouva dans son lit, suant sous ses couvertures et ayant rejeté bien loin son bonnet de coton. C'était un gros petit homme de cinquante ans [...].

G. Flaubert, *Madame Bovary*, 1856.

....

....

....

....

8 *** **Réécrivez ce passage qui utilise une énonciation de discours en employant une énonciation de récit.**

« Mon enfant, [mon père] m'a-t-il dit, il ne faut pas jeter le pain ; c'est dur à gagner. Nous n'en avons pas trop pour nous, mais si nous en avions trop, il faudrait le donner aux pauvres. [...] »

J. Vallès, *L'Enfant*, 1881.

....

....

....

....

J'écris en utilisant l'énonciation de récit

BREVET

9 *** **Vous êtes journaliste. Écrivez un article revenant sur l'aventure de Neil Armstrong lorsque, le 20 juillet 1969, il fut le premier homme à marcher sur la Lune.**

....

....

....

....

....

....

J'applique ce que j'ai appris pour écrire

Le 17 novembre 2016, le Français Thomas Pesquet a rejoint la station spatiale internationale pour une mission de six mois. Racontez son voyage en fusée à la 1re personne en utilisant en particulier le passé composé.

....

....

....

....

....

37 La situation d'énonciation au théâtre

Connaissances et compétences visées

Dans cette leçon, je vais apprendre à :

- ✔ Identifier l'énonciation de discours
- ✔ Comprendre le fonctionnement de l'énonciation théâtrale

J'observe et je manipule

1

LECHY ELBERNON. – Je suis actrice, vous savez. Je joue sur le théâtre. Le théâtre. Vous ne savez pas ce que c'est ?
MARTHE. – Non.
LECHY ELBERNON. – Il y a la scène et la salle. Tout étant clos, les gens viennent là le soir, et ils sont assis par rangées les uns derrière les autres, regardant.
MARTHE. – Quoi ? Qu'est-ce qu'ils regardent, puisque tout est fermé ?
LECHY ELBERNON. – Ils regardent le rideau de la scène. Et ce qu'il y a derrière quand il est levé. Et il arrive quelque chose sur la scène comme si c'était vrai.

P. Claudel, *L'Échange*, 1894.

a. Qui est l'énonciateur dans le passage souligné ?

❍ Lechy Albernon ❍ Marthe

Par quel mot se désigne-t-il ? ....

b. Qui est le récepteur du passage souligné ?

❍ Lechy Albernon ❍ Marthe

Par quel mot est-il désigné ? ....

c. Surlignez cinq verbes dans le texte. Quel temps verbal est utilisé majoritairement par les personnages ?

....

bilan **Assemblez vos réponses précédentes en répondant à ces questions : qui parle ? à qui ? quand ? Vous avez établi la situation d'énonciation.**

....

2

DON CÉSAR. – À la bonne heure !
Et l'offre de payer mes dettes ! vision ?
Et les cinq cents ducats ! imagination ?
DON SALLUSTE. – Je vais vous les chercher.
Il se dirige vers la porte du fond, et fait signe à Ruy Blas de rentrer.
DON CÉSAR, *à part sur le devant, et regardant Don Salluste de travers.* – Hum ! visage de traître !
Quand la bouche dit oui, le regard dit peut-être.

V. Hugo, *Ruy Blas*, 1839.

a. Établissez la situation d'énonciation de la première réplique.

....

....

b. Les phrases soulignées sont-elles destinées à un personnage présent sur scène ? Surlignez le passage qui vous permet de répondre.

....

....

bilan **Les paroles soulignées constituent un aparté. À qui sont-elles destinées ?**

....

Je retiens

1. Le théâtre utilise une **énonciation de discours** : l'énonciateur et le destinataire sont présents dans le discours. Leurs paroles ne sont pas coupées de la situation d'énonciation.
2. Au théâtre, tout discours d'un personnage est adressé à la fois aux autres personnages et au public : c'est la **double énonciation**. Le public peut comprendre un énoncé différemment des personnages.
3. La double énonciation apparait clairement lorsqu'un message est destiné au seul public et non aux autres personnages : c'est **un aparté**.

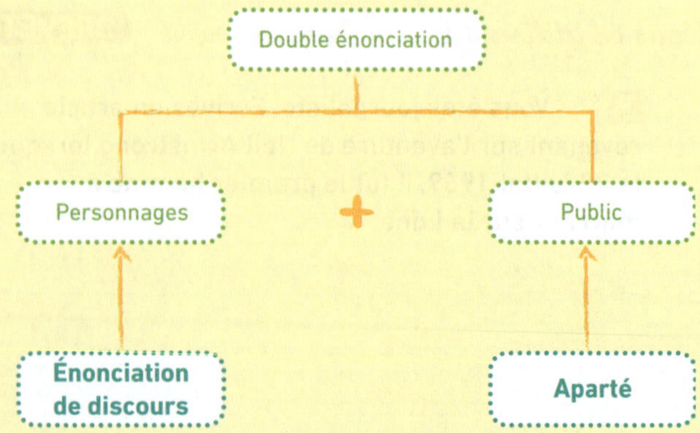

Mon exemple Écrivez une réplique en utilisant une énonciation de discours.

....

Je m'exerce

J'identifie l'énonciation de discours

3 * **Soulignez les phrases qui doivent être inscrites dans leur situation d'énonciation pour être bien comprises (énonciation de discours).**

1. Viendras-tu au cinéma demain ?
2. Elle était décidée à ne jamais abandonner.
3. Qu'attendez-vous pour venir nous voir ?

4 * **Ces affirmations sont-elles vraies ou fausses ?**

1. La double énonciation concerne le genre littéraire du roman. ❍ Vrai ❍ Faux
2. La double énonciation signifie que le personnage s'adresse à la fois à un autre personnage et au public. ❍ Vrai ❍ Faux

5 * **Définissez la situation d'énonciation de chacune de ces répliques.**

1. LA NOURRICE, *à Roméo.* – Si vous êtes Roméo, monsieur, je désire vous faire une courte confidence. (**William Shakespeare**)

....

2. DON SALLUSTE, *à Ruy Blas.* – Ruy Blas, restez ici. *à Don César.* – Je reviens. (**Victor Hugo**)

....

3. M. SMITH, *à sa femme.* – Pas si vite. *au pompier.* – Et qu'est-ce que vous faisiez à la porte ? (**Eugène Ionesco**)

....

6 * **À quel type d'énonciation ces phrases appartiennent-elles ?**

1. ANTIGONE. – Je te donnerai cet anneau si tu acceptes. (**Jean Anouilh**) ❒ Discours ❒ Récit
2. Elle prit son parapluie et, dans un saut magique, s'envola dans le ciel. ❒ Discours ❒ Récit
3. « J'aimerais tant peindre une marine ! », s'exclama-t-il avec véhémence. ❒ Discours ❒ Récit

Je transforme une énonciation de récit en énonciation de discours

BREVET

7 ** **À chacune des phrases proposées, ajoutez-en une au présent.**

1. Hugo a demandé à ses frères d'arrêter de faire du bruit.

....

2. Il a présenté ses excuses et a dit qu'il ne recommencerait plus.

....

....

8 ** **Réécrivez le texte ci-dessous en utilisant la forme théâtrale.**

La jeune femme proposa son aide à sa voisine et lui dit de ne pas hésiter à l'appeler en cas de besoin. La vieille dame la remercia vivement.

....

....

....

Je repère la double énonciation théâtrale

9

> LA REINE. – La reine boit à ton succès, Hamlet.
> HAMLET. – Bonne madame !
> LE ROI. – Gertrude, ne buvez pas !
> LA REINE, *prenant la coupe.* – Je boirai, monseigneur ; excusez-moi, je vous prie.
> LE ROI, *à part.* – C'est la coupe empoisonnée ! il est trop tard.
>
> W. Shakespeare, *Hamlet*, 1603.

a. ** **Quelle information le roi aurait-il pu transmettre à la reine ?** ....

....

b. *** **Comment avez-vous compris cette information ? Encadrez les mots qui montrent que la reine ne l'entend pas.**

....

....

J'applique ce que j'ai appris pour écrire

Écrivez la scène décrite ci-dessous de façon théâtrale. Vous utiliserez un aparté.

Un professeur demande à un élève de justifier son retard. L'élève essaie d'inventer un mensonge mais le professeur refuse de le croire.

....

....

....

....

....

....

....

....

....

38 Les reprises anaphoriques

Connaissances et compétences visées

Dans cette leçon, je vais apprendre à :

✓ Repérer les reprises dans un texte et identifier leur référent

✓ Utiliser les reprises anaphoriques de façon cohérente

J'observe et je manipule

1 a. Pour chacune des actions suivantes, inventez une suite sans jamais réutiliser les mots en gras.

1. **Une femme** tient quatre **assiettes** en équilibre dans ses bras. ……

2. **Les enfants** caressent **le chat**.

……

3. **Le chat** aperçoit **une souris**.

……

b. Quels types de mots avez-vous utilisés pour remplacer les sujets en gras ?

❍ Des noms ❍ Des pronoms ❍ Des verbes

bilan Qu'en concluez-vous sur l'emploi de ces mots dans la phrase ?

……

2 a. À qui renvoie chaque mot en gras ?

1. **Il** abandonna la poésie à l'âge de 21 ans. •
2. Jean Racine **lui** consacra une pièce. •
3. **Ces** deux-**là** forment le couple le plus célèbre de la littérature. •
4. Elle **se** représente dans son journal. •
5. **Elle** utilisait un pseudonyme masculin. •

• Roméo et Juliette
• Anne Frank
• George Sand
• Arthur Rimbaud
• Andromaque

b. Sur quels indices vous êtes-vous appuyé-e ?
Les indices peuvent être de personne, parfois de genre et de nombre.

……

3 a. Soulignez ou surlignez dans les phrases chaque mot en gras en fonction de sa classe grammaticale.

verbe • pronom personnel • pronom démonstratif • GN • pronom adverbial

1. Ariane voit Thésée pour la première fois : **elle** est séduite par **le jeune homme**.
2. Il doit se rendre dans le labyrinthe pour **y** affronter le Minotaure, mi-taureau mi-homme.
3. **Celui-ci** a été construit par Dédale, un forgeron athénien de grande réputation.
4. Ariane lui conseille de dérouler un fil pour pouvoir s'échapper du labyrinthe : il le **fait**.
5. Avant qu'il ne s'enfonce dans les sombres couloirs du labyrinthe, Ariane **le lui** donne.

b. Dans la phrase 5, quelle est la fonction grammaticale de chaque mot en gras ?

• « *le* » : ❍ complément direct du verbe.
❍ complément indirect du verbe.

• « *lui* » : ❍ complément direct du verbe.
❍ complément indirect du verbe.

bilan Qu'en déduisez-vous sur l'ordre dans lequel doivent s'enchainer des pronoms compléments du verbe ?

……

Je retiens

1. On appelle **reprise anaphorique** nominale, pronominale ou adverbiale toute reprise d'un élément antérieur (**référent**) du texte.
2. Dans la plupart des cas, on a recours à un pronom pour éviter de répéter un nom ou donner une nouvelle information. Ce pronom s'accorde en **genre** et en **nombre** avec le nom qu'il reprend.
3. La forme des pronoms varie selon leur fonction : complément direct du verbe *(me, le, la, les...)* et complément indirect du verbe *(lui, leur...)*.

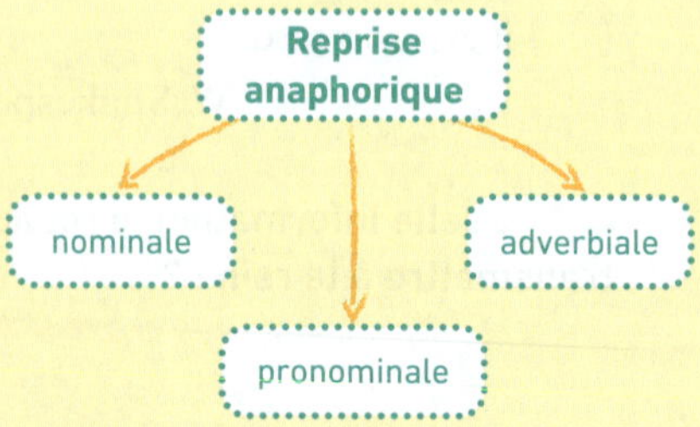

Mes exemples Trouvez deux reprises anaphoriques nominales pour le mot *cadeau*, puis deux reprises pronominales.

1. …… 2. …… 3. …… 4. ……

Je m'exerce

Je repère les reprises et leur antécédent

4 * Soulignez chaque reprise anaphorique dans le texte ci-dessous.

Le Capitaine Épivent doit partir à la guerre. Il fait ses adieux à la femme qu'il aime, Irma.

Ils se séparèrent au jour levant. Elle suivit en voiture son amant jusqu'à la première étape. Et elle l'embrassa presque en face du régiment à l'instant de la séparation. On trouva même ça très gentil, très digne, très bien, et les camarades serrèrent la main du capitaine [...] « elle avait du cœur tout de même, cette petite. »

G. de Maupassant, *Le Lit 29*, 1884.

5 * Dans chacune de ces phrases, encadrez la bonne reprise anaphorique

1. J'ai déjà vu cette fille, mais je ne **lui/la/l'** ai jamais parlé.
2. J'aime beaucoup le cinéma et le théâtre, mais je préfère **celui-ci/cela/ce dernier**.
3. – Sais-tu si ta sœur a reçu mon mail ?
– **Celle-ci/Elle/Celle-là** dit **l'/le/la** avoir lu, mais **n'y/ne l'/n'en** a pas encore répondu.
4. J'ai acheté un livre et j'**y/en** ai lu déjà la moitié.

J'accorde et je réécris en utilisant des reprises pronominales

ORTHO

6 ** Raccourcissez chaque phrase en utilisant des reprises pronominales.

Ex. Il donne une rose à sa fille. → Il la lui donne.

1. La femme enseigne la navigation à ses enfants.
....
2. Il demande un croissant à ses enfants.
....
3. L'enfant réclame le cadeau à ses grands-parents.
....
4. L'enseignant offre des images à ses élèves.
....

7 ** Accordez les participes passés entre parenthèses, en tenant compte des reprises pronominales.

Je suis allée ce matin à la nouvelle médiathèque de la ville ; je l'ai *(trouvé)* .... assez belle. Elle a été *(pensé)* .... de manière très moderne. Le bâtiment est plus grand que celui que j'avais *(imaginé)* .... ; il a quatre étages ! Je les ai *(visité)* .... avec plaisir ; j'y ai trouvé des BD qui m'ont beaucoup *(intéressé)* .... et que j'ai tout de suite *(emprunté)* ....

8 ** Réécrivez chaque phrase en remplaçant le GN souligné par un pronom. Accordez correctement le participe passé entre parenthèses. BREVET

1. Mon stylo est cassé mais <u>son stylo</u> a *(fonctionné)*. ....
2. Je suis déjà venu dans <u>cette ville</u> ; je l'avais *(visité)* avec mes parents.
....
3. J'ai fait beaucoup <u>de biscuits</u> ; les as-tu *(gouté)* ? ....

Je prépare la dictée

BREVET

9 * Écrivez la dictée lue par votre enseignant-e. Relisez-vous. Soulignez chaque reprise anaphorique.**

....
....
....
....
....
....
....
....

J'applique ce que j'ai appris pour écrire

Résumez la fable de Jean de La Fontaine « *Le Corbeau et le Renard* » en utilisant des reprises anaphoriques pour éviter les répétitions. Vous emploierez des reprises nominales et des reprises pronominales.

....
....
....
....
....
....
....

39 Thème et propos

Connaissances et compétences visées

Dans cette leçon, je vais apprendre à :
✓ Distinguer le thème et le propos d'une phrase
✓ Mettre en valeur le propos

J'observe et je manipule

1 a. Associez chaque question à la réponse qui convient.

1. Que fait Don Quichotte ? •
2. Pourquoi Don Quichotte attaque-t-il un moulin ? •
3. Par qui Don Quichotte est-il mis en garde ? •

• **A.** Don Quichotte attaque un moulin parce qu'il le prend pour un géant.
• **B.** Don Quichotte attaque un moulin malgré la mise en garde de Sancho Pança.
• **C.** Don Quichotte attaque un moulin.

b. Dans les phrases A, B et C :
• soulignez le thème de la phrase, c'est-à-dire ce sur quoi elle donne une information.
• surlignez le propos de la phrase, c'est-à-dire l'information donnée sur le thème.

bilan **Avez-vous trouvé autant de thèmes que de propos ? Qu'en concluez-vous ?**

....

....

2

[…] la prière était finie que le nouveau tenait encore sa casquette sur ses deux genoux. C'était une de ces coiffures d'ordre composite, où l'on retrouve les éléments du bonnet à poil, du chapska […], elle commençait par trois boudins circulaires ; puis s'alternaient, séparés par une bande rouge, des losanges de velours et de poils de lapin ; venait ensuite une façon de sac qui se terminait par un polygone cartonné, couvert d'une broderie en soutache compliquée, et d'où pendait, au bout d'un long cordon trop mince, un petit croisillon de fils d'or, en manière de gland. Elle était neuve ; la visière brillait.

G. Flaubert, *Madame Bovary*, 1857.

a. Quel est le thème de cet extrait ?
❍ Le nouveau ❍ La casquette du nouveau
❍ L'arrivée du nouveau

b. Qu'apprend-on sur le thème ? Proposez trois réponses à la suite.

La casquette du nouveau ....

....

La casquette du nouveau ....

....

La casquette du nouveau ....

....

3 a. Dans cette phrase, soulignez le thème et encadrez le propos.
Charles Bovary tenait sa casquette sur ses genoux.

b. Complétez chacune de ces phrases de manière différente à partir du a.

1. C'est sa casquette que ....
2. Sa casquette, Charles Bovary ....
3. La casquette était tenue ....

bilan **De quelle manière le propos est-il mis en valeur dans chacune de vos phrases ?**

....

Je retiens

1. Le **thème** est **ce dont on parle**. Il correspond généralement au sujet de la phrase.
2. Le **propos** est **l'information qu'on donne sur le thème**.
3. Pour **mettre en valeur le propos**, on a recours à ces procédés :
   – **détachement** : le propos est placé avant le sujet ;
   – **présentatif** : tournure *c'est… que* ;
   – **tournure passive** : le complément direct du verbe de la phrase active devient le sujet grammatical de la phrase passive.

Astuce : Pour **distinguer thème et propos**, on met la phrase à la négative. La **négation** porte sur le propos, jamais sur le thème.

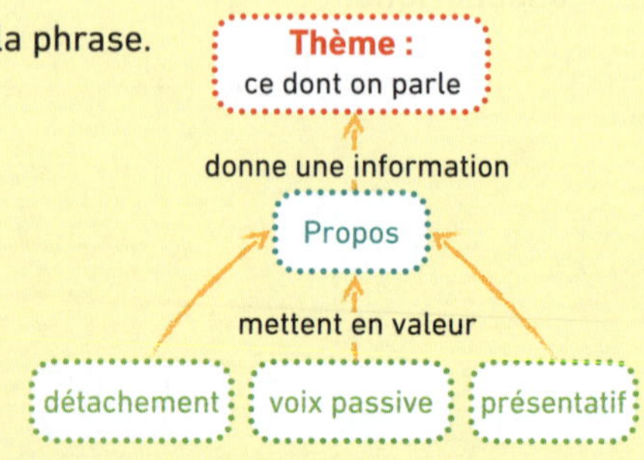

Mon exemple Écrivez une phrase contenant un thème que vous soulignerez et un propos que vous surlignerez.

....

Je m'exerce

Je distingue thème et propos

4 * **Soulignez le thème et encadrez le propos dans ces phrases.**

1. Les élèves jouent dans la cour.
2. Des nuages passent dans le ciel.
3. Les salles de classe sont désertes et calmes.
4. Le chien dort dans son panier.

5 * **Cochez le thème de chaque phrase.**

1. La route est pleine d'embouteillages aujourd'hui.
❍ Les embouteillages ❍ Aujourd'hui ❍ La route

2. Décidément, ces embouteillages commencent à me faire perdre patience !
❍ Les embouteillages ❍ La patience ❍ La route

6 ** **Par quel procédé le propos est-il mis en valeur dans chaque phrase ?**

1. C'est exactement le cadeau que je voulais !
❍ Détachement ❍ Présentatif ❍ Tournure passive

2. « D'amour vos beaux yeux me font mourir » (**Molière**).
❍ Détachement ❍ Présentatif ❍ Tournure passive

3. Nous avons été contactés par les personnes qui organisent le concours.
❍ Détachement ❍ Présentatif ❍ Tournure passive

7 ** **Soulignez le thème et indiquez le procédé par lequel il est mis en valeur dans chaque phrase.**

1. C'est le hip-hop et pas la samba.

....

2. Cette chanson, je l'écoute tous les jours.

....

3. Le chanteur est acclamé par le public.

....

Je réécris pour mettre le propos en valeur

BREVET

8 ** **Réécrivez chaque phrase pour que l'élément en gras devienne le thème.**

1. Frodon a détruit **l'anneau**.

....

2. Pour cela, il a dû l'amener **en haut du Mont Destin**.

....

....

3. Frodon a pu compter sur **le soutien de Sam**.

....

....

9 *** **Réécrivez cet extrait pour que le propos souligné soit mis en valeur en utilisant un présentatif.**

> Le visage pâle et ridé de la vieille femme <u>était en harmonie avec l'obscurité de la rue et la rouille de la maison</u>.
>
> **H. de Balzac**, « Une double famille », *Œuvres complètes*, 1855.

....

....

....

Je prépare la dictée

BREVET

10 *** **Écrivez la dictée lue par votre enseignant-e. Relisez-vous. Soulignez le thème. Aide :** *Ouarsenis*, *faîtes*, *Teniet-el-Haad*.

....

....

....

....

....

....

....

....

J'applique ce que j'ai appris pour écrire

Faites de votre collège le thème d'un texte de neuf lignes. Décrivez-le et soulignez le propos de chacune de vos phrases.

....

....

....

....

....

....

....

....

40 Les paroles rapportées

Connaissances et compétences visées

Dans cette leçon, je vais apprendre à :

- ✓ Distinguer discours direct et discours indirect
- ✓ Reconnaitre le discours indirect libre
- ✓ Utiliser les différents types de discours pour produire des effets sur le lecteur

J'observe et je manipule

1 a. Ces phrases sont au discours direct. Associez chacune au verbe introducteur qui lui correspond.

1. « Je ne recommencerai pas. » • • ils affirment
2. « Nous avons fait nos devoirs. » • • il s'exclame
3. « La vie est belle. » • • j'exige
4. « Laissez-moi parler. » • • elle promet

b. Réécrivez chaque phrase au discours indirect en commençant par le verbe introducteur auquel vous l'avez associée.

1. ....
2. ....
3. ....
4. ....

2 Reformulez chaque phrase à partir de l'amorce proposée.

1. Ils m'ont demandé : « Viendras-tu **demain** ? » : Ils m'ont demandé ....
2. Il m'a avoué : « Je n'**ai** pas fait mes devoirs. » : Il m'a avoué qu' ....
3. Elle affirma : « **Je** ne connais pas cette personne. » : Elle affirma qu' ....
4. Elles dirent : « Nous ne l'avons pas vu **hier**. » Elles dirent qu' ....

bilan **Que sont devenus les termes en gras de chaque phrase ?** ....

....

3

Est-ce qu'il se trouvait des lâches pour manquer à leur parole ? Quoi ! depuis un mois, on aurait souffert inutilement, on retournerait aux fosses, la tête basse, et l'éternelle misère recommencerait ! Ne valait-il pas mieux mourir tout de suite, en essayant de détruire cette tyrannie du capital qui affamait le travailleur ?

É. Zola, *Germinal*, 1885.

a. Y a-t-il des marques du discours direct dans ce passage ? Lesquelles ?

....

....

....

....

b. Existe-t-il également des marques du discours indirect dans cet extrait ? Lesquelles ?

....

bilan **Ce texte utilise le discours indirect libre. Cochez ses caractéristiques.**

- ❒ Absence de verbe introducteur
- ❒ Guillemets
- ❒ Tirets du dialogue
- ❒ Ponctuation du discours direct
- ❒ Marques d'oralité
- ❒ Énonciation de discours

Je retiens

1. Dans un récit, on trouve des **paroles rapportées** dès que **le narrateur veut faire parler ses personnages**.
2. On distingue trois formes de discours rapportés : le **discours direct**, le **discours indirect** et le **discours indirect libre**.

Discours direct	Discours indirect	Discours indirect libre
• Verbe introducteur • Signes de ponctuation • Forte présence de l'oralité • Énonciation de discours	• Verbe introducteur • Proposition subordonnée • Pas de marque d'oralité • Énonciation de récit	• Pas de verbe introducteur • Paroles intégrées au récit • Marques d'oralité

Mes exemples Transformer une phrase au discours direct en phrase au discours indirect.

1. ....
2. ....

Je m'exerce

Je repère les paroles rapportées et j'identifie le type de discours utilisé

4 * **Pour chaque texte, indiquez le type de discours choisi.**

1. Lorsqu'elle le vit, elle s'écria :
« Je suis très surprise de te voir dans ce quartier !
– Vraiment ? répondit-il. Pourtant, je me promène souvent ici. »
❍ Direct ❍ Indirect ❍ Indirect libre

2. Elle l'aperçut au détour d'une rue. Comme elle était surprise de le voir dans ce quartier !
Il fut aussi surpris qu'elle. Ne savait-elle pas qu'il s'y promenait souvent ?
❍ Direct ❍ Indirect ❍ Indirect libre

5

– Est-ce M. Vanderdendur, dit Candide, qui t'a traité ainsi ?
– Oui, monsieur, [...] c'est l'usage. On nous donne un caleçon de toile pour tout vêtement deux fois l'année. Quand [...] nous voulons nous enfuir, on nous coupe la jambe : je me suis trouvé dans les deux cas.

Voltaire, *Candide*, 1759.

** **Quel est le type de discours employé dans le texte ci-contre ? Comment l'auteur renforce-t-il la pitié éprouvée par Candide pour l'esclave ?**

....

....

....

....

Je réécris au discours indirect

6 ** **Réécrivez ces phrases au discours indirect avec le verbe introducteur au passé composé.** ORTHO

1. Venez !

....

2. Je rentrerai tard ce soir.

....

7 ** **Réécrivez ces phrases au discours indirect en commençant par** *Il demande...* ORTHO

1. Qu'a-t-elle fait aujourd'hui ?

....

2. Suis-je invité ?

....

8 *** **Transposez le dialogue suivant dans un récit : le narrateur rapportera les paroles des personnages au discours indirect, en variant les verbes introducteurs.** BREVET

LE MAÎTRE. – Tu as donc été amoureux ?
JACQUES. – Si je l'ai été !
LE MAÎTRE. – Et cela par un coup de feu ?
JACQUES. – Par un coup de feu.
LE MAÎTRE. – Tu ne m'en as jamais dit un mot.

D. Diderot, *Jacques le Fataliste*, 1665.

....

....

....

....

....

....

....

Je prépare la dictée BREVET

9 **a.** *** **Écrivez la dictée lue par votre enseignant-e. Relisez-vous.**

....

....

....

....

b. ** **Réécrivez le texte de la dictée à la 1re personne du pluriel.**

....

....

....

J'applique ce que j'ai appris pour écrire

Un professeur interroge un élève qui n'a pas appris sa leçon et qui cherche un moyen de se sortir de cette situation. Racontez la scène en faisant varier si possible les types de discours rapportés ....

....

....

....

....

....

....

41 Les points de vue

Connaissances et compétences visées

Dans cette leçon, je vais apprendre à :

✔ Reconnaitre le point de vue utilisé dans le texte et en percevoir les effets

✔ Rédiger un texte en respectant les caractéristiques d'un point de vue

J'observe et je manipule

1

① [...] j'entendis le bruit, qui, malgré la distance, me parut formidable dans le silence nocturne, d'un corps qui s'abat sur l'eau. Je m'arrêtai net, mais sans me retourner. [...] Je me disais qu'il fallait faire vite et je sentais une faiblesse irrésistible envahir mon corps. J'ai oublié ce que j'ai pensé alors.

A. Camus, *La Chute*, © Éditions Gallimard, 1956.

② Le président était encore debout, au milieu du léger tumulte que son entrée venait de produire. Il s'assit, en disant à demi-voix, négligemment :
– La séance est ouverte.
Et il classa les projets de loi, placés devant lui, sur le bureau.

É. Zola, *Son Excellence Eugène Rougon*, 1876.

a. Lequel de ces textes vous donne la sensation d'assister à la scène de l'extérieur ?

❍ Texte 1 ❍ Texte 2

Lequel vous fait découvrir le monde à travers la conscience du personnage ?

❍ Texte 1 ❍ Texte 2

b. L'un de ces textes présente les informations qu'il contient de façon claire et objective.

Lequel ? ❍ Texte 1 ❍ Texte 2

L'un de ces textes présente les informations qu'il contient de façon incertaine et subjective.

Lequel ? ❍ Texte 1 ❍ Texte 2

bilan **Relisez chacun des textes et vos réponses précédentes. Complétez maintenant ce tableau en entourant les bonnes réponses.**

	Texte 1	Texte 2
Le lecteur connait les pensées du personnage	oui / non	oui / non
Le point de vue est...	interne / externe	interne / externe

2

Enfin parut ce jour tellement redouté de Mme de Rênal et de Mathilde.
L'aspect étrange de la ville redoublait leur terreur, et ne laissait pas sans émotion même l'âme ferme de Fouqué. Toute la province était accourue à Besançon pour voir juger cette cause romanesque. Depuis plusieurs jours, il n'y avait plus de place dans les auberges. M. le président des assises était assailli par des demandes de billets ; toutes les dames de la ville voulaient assister au jugement [...].

Stendhal, *Le Rouge et le Noir*, 1830.

a. Encadrez le nom des personnages dont le narrateur connait les sentiments.

b. Soulignez les informations que les personnages ignorent et que le narrateur nous transmet.

c. D'après votre réponse précédente, quelle est la position du narrateur ?

❍ Il semble tout connaitre de l'action et des personnages.

❍ Il appartient au récit mais ne connait pas les actions et les personnages.

❍ Il est extérieur à la scène.

bilan **Ce point de vue est donc :** ❍ interne. ❍ externe. ❍ omniscient.

Je retiens

Les **points de vue** sont les trois manières que le narrateur peut choisir pour raconter le récit.

1. Point de vue **omniscient** : le narrateur **sait tout sur l'action et les personnages**. Le récit est à la 3e personne.
2. Point de vue **interne** : le narrateur voit au travers du regard d'un personnage. Le récit est à la **1re ou 3e personne**. Ce point de vue implique une **forte subjectivité**.
3. Point de vue **externe** : le narrateur **rapporte l'action de l'extérieur**. Le récit est à la **3e personne**. Ce point de vue implique une **apparente objectivité**.

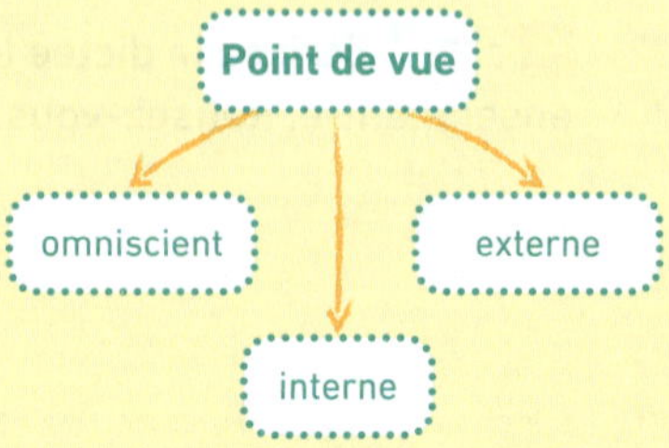

Mes exemples Rédigez une phrase pour chaque point de vue.

1. ....

2. ....

3. ....

Je m'exerce

J'identifie les différents points de vue

3 * **Quel est le point de vue narratif dans chaque phrase ?**

1. Je perçus de l'animosité dans leurs regards.	❍ Interne	❍ Externe	❍ Omniscient
2. Elle s'assit à la table et commanda un café frappé.	❍ Interne	❍ Externe	❍ Omniscient
3. Il vibrait d'amour pour elle et lui acheta un cadeau.	❍ Interne	❍ Externe	❍ Omniscient

4 * **Reliez chaque phrase au point de vue qui la caractérise.**

1. Le narrateur voit à travers le regard d'un personnage. •	• Omniscient
2. Le narrateur rapporte l'action de l'extérieur, comme à travers une caméra. •	• Interne
3. Le narrateur sait tout de l'action et des personnages. •	• Externe

5 ** **Quel point de vue est adopté dans ce texte ?** ....

Avec fébrilité, il ouvrit l'enveloppe. Que pouvait contenir cette lettre ? Quelle réponse donnait-elle ? Il sentait ses mains trembler et son cœur battre. Il attendait ce message depuis si longtemps !

6 *** **Soulignez, dans ce texte, les mots qui vous permettent d'identifier le point de vue choisi. Lequel est-ce ?** ....

Victoire le regardait, les yeux pleins d'affection. Elle se souvint de leur première rencontre et en ressentit une exaltation de joie ; elle s'imaginait dans une peinture de Klimt, le protégeant sous un manteau tout en or.

Je perçois les effets du point de vue sur le lecteur

7

Thérèse, qui n'avait pas encore prononcé une parole, regardait le nouveau venu. Elle n'avait jamais vu un homme. Laurent, grand, fort, le visage frais, l'étonnait. Elle contemplait avec une sorte d'admiration son front bas, planté d'une rude chevelure noire, ses joues pleines, ses lèvres rouges, sa face régulière, d'une beauté sanguine.

É. Zola, *Thérèse Raquin*, 1867.

*** **Qu'est-ce que le point de vue interne permet de révéler sur les sentiments de Thérèse ?**

....

....

....

....

....

Je réécris un texte en modifiant son point de vue

BREVET

8 *** **Ce texte est écrit du point de vue interne. Réécrivez-le du point de vue omniscient.**

Que s'est-il passé ? Je ne sais plus.
Des médecins venaient, écrivaient, s'en allaient. On apportait des remèdes ; une femme les lui faisait boire. Ses mains étaient chaudes, son front brûlant et humide, son regard brillant et triste.

G. de Maupassant, *La Morte*, 1889.

....

....

....

....

....

....

....

J'applique ce que j'ai appris pour écrire

Imaginez une phrase de récit relatant la même action : deux amis se promènent à cheval dans la campagne et l'un des deux tombe. Vous utiliserez les trois points de vue.

1. Omniscient : ....

....

....

2. Interne (le personnage qui tombe) : ....

....

....

3. Externe : ....

....

....

....

J'évalue mes acquis — Comprendre la construction du texte

Avez-vous bien compris les leçons sur la manière d'exprimer un jugement dans le texte ? Vérifiez en lisant cet extrait et en répondant aux questions d'un groupe.

Le lecteur suit Frédéric qui, lors d'un voyage sur la Seine, fait la rencontre de Mme Arnoux.

Ce fut comme une apparition :

Elle était assise, au milieu du banc, toute seule ; ou du moins il ne distingua personne, dans l'éblouissement que lui envoyèrent ses yeux. En même temps qu'il passait, elle leva la tête ; il fléchit involontairement les épaules ; et, quand il se fut mis plus loin, du même côté, il la regarda. […]

Jamais il n'avait vu cette splendeur de sa peau brune, la séduction de sa taille, ni cette finesse des doigts que la lumière traversait. Il considérait son panier à ouvrage avec ébahissement, comme une chose extraordinaire. Quels étaient son nom, sa demeure, sa vie, son passé ? […]

[Une servante], coiffée d'un foulard, se présenta, en tenant par la main une petite fille, déjà grande. L'enfant, dont les yeux roulaient des larmes, venait de s'éveiller. Elle la prit sur ses genoux. « Mademoiselle n'était pas sage, quoiqu'elle eût sept ans bientôt ; sa mère ne l'aimerait plus ; on lui pardonnait trop ses caprices. » Et Frédéric se réjouissait d'entendre ces choses, comme s'il eût fait une découverte, une acquisition.

G. Flaubert, *L'Éducation sentimentale*, 1869.

Groupe 1

Je repère

1. a. À quels temps les verbes du texte sont-ils conjugués ? ❍ Présent et passé composé ❍ Passé simple et imparfait

b. Quelle personne grammaticale est utilisée dans ce récit ? ❍ 1re personne ❍ 3e personne

c. De quel type d'énonciation s'agit-il ? Aidez-vous de vos réponses précédentes.

❍ Énonciation de discours ❍ Énonciation de récit

2. a. Entourez les verbes de vision et indiquez qui en est le sujet. ……………………

b. D'après vous, quel type de point de vue ce texte utilise-t-il ? ❍ Omniscient ❍ Externe ❍ Interne

Je manipule

3. À qui renvoient les mots en gras (l. 1-2) ? ……………………

……………………

4. Dans la phrase ci-dessous, entourez le thème et soulignez le propos.

« *Elle la prit sur ses genoux.* » **(l. 17-18)**

5. Des lignes 18 à 20, le narrateur rapporte les paroles de la servante. Réécrivez ses paroles en utilisant le discours direct.

……………………

……………………

……………………

J'écris

6. Racontez la même scène en adoptant le point de vue interne de Mme Arnoux (à la 1re personne et au présent de l'indicatif). Vous évoquerez en trois lignes ses sentiments et ce qu'elle pense de Frédéric.

Groupe 1, 2 ou 3 : *je rédige en respectant la consigne 6*

……………………

……………………

……………………

……………………

……………………

……………………

……………………

Groupe 2

Je repère

1. S'agit-il d'une énonciation de récit ou de discours ? Justifiez en observant les temps verbaux et les personnes (1re ou 3e).

....

....

2. Quel point de vue est adopté dans ce texte ? Surlignez trois passages qui vous ont aidé-e à répondre.
❍ Omniscient ❍ Externe ❍ Interne

Je manipule

3. Encadrez trois reprises nominales et pronominales du référent « *une petite fille* » des lignes 16 à 19.

4. Dans la phrase ci-dessous, entourez le thème et soulignez le propos.
« *Elle la prit sur ses genoux.* » (l. 17-18)

5. Observez le passage souligné. La servante s'adresse à la petite fille en la vouvoyant. Réécrivez ses paroles en utilisant le discours direct.

....

....

....

....

J'écris

6. Racontez la même scène en adoptant le point de vue interne de Mme Arnoux (à la 1re personne et au passé). Vous évoquerez en cinq lignes ses pensées, ses sentiments et ce qu'elle pense de Frédéric.

Groupe 3

Je repère

1. De quel type d'énonciation s'agit-il ? Indiquez deux éléments du texte qui vous ont servi d'indices.

....

....

....

2. a. Quel point de vue est adopté dans ce texte ? Surlignez trois passages qui vous ont aidé à répondre.

....

b. Quel effet ce point de vue peut-il avoir sur le lecteur ? ....

....

Je manipule

3. Encadrez toutes les reprises nominales et pronominales du référent « *une petite fille* » des lignes 16 à 19.

4. Réécrivez la phrase ci-dessous afin que le propos en devienne le thème.
« *Elle la prit sur ses genoux.* » (l. 17-18)

....

5. Transposez le passage souligné au discours direct. La servante s'adresse à la petite fille en la vouvoyant.

....

....

....

J'écris

6. Racontez la même scène en sept lignes en adoptant le point de vue interne de Mme Arnoux (à la 3e personne et au passé).

Compétences évaluées J'évalue mes acquis en complétant chaque smiley.	☺ 😐 ☹
1. J'ai identifié le type d'énonciation utilisé.	
2. J'ai reconnu le point de vue adopté dans le texte.	
3. J'ai repéré les reprises anaphoriques et leurs antécédents.	
4. J'ai su réécrire en modifiant le type de discours et le point de vue.	

Ce que je sais déjà faire

La réception du texte

• Dans cette double page, vous allez pouvoir réviser ce que vous avez appris jusqu'en classe de 4e afin de vous préparer aux leçons qui vont suivre.

• Lorsque vous en avez besoin, vous pouvez consulter la *Boîte à outils* et cocher au fur et à mesure les outils que vous avez utilisés.

Partout où il y a un esprit, partout où il y a un champ, qu'il y ait un livre ! Pas une commune sans une école ! pas une ville sans un collège ! pas un chef-lieu sans une faculté ! [...]

J'ai dit quel était le but à atteindre, j'ajoute qu'il faut que la France entière présente un vaste ensemble, ou, pour mieux dire, un vaste réseau d'ateliers intellectuels : gymnases, lycées, collèges, chaires, bibliothèques, échauffant partout les vocations, éveillant partout les aptitudes. En un mot, je veux que l'échelle de la science soit fermement dressée par les mains de l'État, posée dans l'ombre des masses les plus sombres et les plus obscures, et aboutisse à la lumière ; [...] et que le cœur du peuple soit mis en communication avec le cerveau de la France. Voilà comment je comprends l'instruction.

Je le répète, c'est le but auquel il faut tendre.

V. Hugo, Discours à l'Assemblée lors de la discussion du projet de loi sur l'enseignement du 15 janvier 1850.

Ce que je peux savoir avant de lire l'extrait

a. **Établissez la situation d'énonciation du texte.**

....

....

....

b. **Les propos du texte étaient-ils, à l'origine, destinés à être lus ?**

....

....

....

Je vérifie ma compréhension de l'extrait

c. **Le « *livre* » évoqué à la ligne 2 est le symbole de :**

❍ la science. ❍ l'instruction.
❍ l'Assemblée. ❍ l'école.

d. **Pensez-vous qu'en 1850 tous les enfants français bénéficiaient d'un enseignement gratuit ? Pourquoi ?**

....

....

....

....

I Je comprends le texte dans son contexte

a. **Quel est le but à atteindre évoqué par l'auteur ? Soulignez le passage du texte qui vous permet de répondre.**

❍ Le but à atteindre est l'existence d'établissements scolaires dans chaque commune de France pour garantir à tous les enfants un enseignement gratuit.

❍ Le but à atteindre est la multiplication des salles de sport.

b. **Surlignez les pronoms qui révèlent la présence du locuteur ainsi que les verbes qui les suivent. Que vous apprennent ces mots quant à l'intention du locuteur ?**

....

....

....

....

c. **À quel type de texte appartient cet extrait ?** ❍ Narratif ❍ Argumentatif ❍ Descriptif

Boîte à outils 1 et 2

Compétences réactivées

Dans cet atelier, je vérifie que je sais :

- ✔ Comprendre le sens d'un texte dans son contexte
- ✔ Repérer et analyser les effets produits par le texte
- ✔ Renouveler les significations possibles du texte par une lecture personnelle

2 Je repère et j'analyse les effets produits par le texte

a. « *Pas une commune sans une école ! pas une ville sans un collège ! pas un chef-lieu sans une faculté !* »

Quel est l'effet produit par le passage ci-dessus ?

Quelles figures de style sont ici utilisées par Victor Hugo ?

....

....

b. À partir de la ligne 9, entourez les mots qui appartiennent au champ lexical du corps. Quelle impression ce champ lexical donne-t-il au lecteur ?

....

....

....

c. Dans les lignes 9 à 11, encadrez trois mots qui appartiennent au même champ lexical. Quel est ce champ lexical ?

❍ Celui de la lumière ❍ Celui de l'obscurité ❍ Celui du mystère

Encadrez maintenant en rouge un mot qui s'oppose à ces termes.
Comment ce contraste met-il en valeur le propos de l'auteur ?

....

....

Boite à outils 2

3 Je comprends le texte en l'inscrivant dans un contexte plus large

a. Aujourd'hui, Victor Hugo aurait-il à prendre la parole à l'Assemblée pour réclamer un enseignement gratuit et obligatoire pour tous les enfants en France ?

❍ Oui, chaque proposition de loi doit être étudiée par l'Assemblée.

❍ Non, l'enseignement est gratuit et obligatoire pour tous (lois Ferry de 1881-1882).

b. Existe-t-il toujours des endroits dans le monde où un discours tel que celui de Victor Hugo semblerait nécessaire ?

....

....

....

c. Selon-vous, existe-t-il toujours en France des inégalités d'accès à l'éducation ?
Proposez un projet pour remédier à ces inégalités.
Citez un passage du discours de Victor Hugo pour enrichir votre argumentation.

....

....

....

Boite à outils 3

Boite à outils

❍ 1 La situation d'énonciation (qui parle ? à qui ? quand ? où ?) d'un texte peut nous aider à connaitre son contexte et à comprendre son sens.

❍ 2 La lecture d'un texte a des effets sur le lecteur. En étant attentif-ve à ces effets, il est possible d'analyser les procédés qui ont permis de les créer.

❍ 3 En lisant un texte dans un contexte qui lui est personnel et qui n'était pas connu de l'auteur, le lecteur l'enrichit en renouvelant sa portée et en lui donnant des significations nouvelles.

42 L'ironie. Implicite et explicite

Connaissances et compétences visées

Dans cette leçon, je vais apprendre à :

- ✔ Différencier l'implicite et l'explicite
- ✔ Repérer la dimension ironique d'un texte
- ✔ Utiliser l'ironie pour transmettre un message de façon implicite

J'observe et je manipule

1

Plantu, « Sur le Nord et le Sud », *Le Monde*.

a. **Est-ce drôle ? Pourquoi ?**

b. **L'auteur du dessin se pose-t-il réellement la question qu'exprime son personnage ?**

bilan **Mettez en évidence la critique contenue dans cette image.**

La critique est donc : ❍ explicite. ❍ implicite.

2

– Je dis les serviettes pliées en éventail, comme nous faisons toujours lorsque nous recevons.
– Pliées en éventail ? Bien, Madame. Je ferai toutefois remarquer à Madame que ça ne se fait plus depuis longtemps. […] Mais si Madame y tient, je peux lui plier ses serviettes en fantaisie, en éventail, en parasol, en portefeuille, en roue de bicyclette, en cygne ou même en imitation chameau. C'est comme Madame voudra. Je suis à ses ordres.

A. Cohen, *Belle du Seigneur*,
© Éditions Gallimard, 1968.

a. **Le domestique souhaite-t-il se soumettre à la volonté de la maitresse de maison ?**
❍ Oui ❍ Non

b. **Comment le personnage l'exprime-t-il ?**

c. **Quelle figure de style est utilisée pour accentuer son mécontentement ?**
❍ La périphrase ❍ L'énumération
❍ La métaphore

d. **Pourquoi la phrase surlignée est-elle drôle ?**

bilan **Quel procédé le domestique utilise-t-il pour exprimer son mécontentement ?**

Je retiens

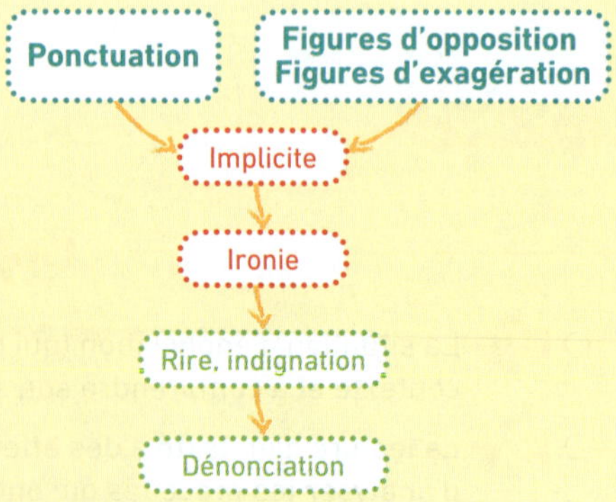

1. L'**ironie** est une **opposition entre l'explicite** (ce que l'auteur dit) **et l'implicite** (ce qu'il pense). Elle repose donc sur un **décalage entre l'explicite et l'implicite** du texte : l'auteur ne dit pas ce qu'il pense mais il le sous-entend.
2. L'ironie peut être employée pour susciter le **rire** ou la **moquerie** tout en dénonçant une situation que l'auteur veut condamner. Pour cela, il peut faire semblant de vanter les mérites de ce qu'il dénonce.
3. L'ironie est un procédé subtil qui repose sur différents procédés : **fausse logique**, **figures d'opposition** ou **d'exagération**…

Mon exemple Inventez une phrase ironique en utilisant un procédé de votre choix.

Je m'exerce

J'identifie et je comprends l'ironie

3 * **Reliez chaque étiquette à sa définition.**

Implicite •	• ce que dit l'auteur
Ironie •	• ce que pense l'auteur
Explicite •	• décalage entre l'implicite et l'explicite

4 * **L'ironie est généralement utilisée pour :**

❒ se moquer. ❒ dénoncer, condamner.
❒ faire rire ❒ déclarer son amour.
❒ écrire une scène de roman.

5 ** **À votre avis, que pense réellement l'auteur ? Par quels procédés l'ironie est-elle perceptible dans ce passage ? Soulignez-les.**

> Il est à craindre que, parmi les livres apportés d'Occident, il ne s'en trouve quelques-uns sur l'agriculture et sur les moyens de perfectionner les arts mécaniques, lesquels ouvrages pourraient à la longue [...] réveiller le génie de nos cultivateurs [...].
>
> **Voltaire**, *De l'horrible danger de la lecture*, 1765.

J'analyse et je comprends l'implicite

6 ** **Imaginez pour chaque phrase une situation dans laquelle elle serait ironique.**

1. Quel beau temps ! → ……

2. C'est très gentil de ta part. → ……

3. Ça a l'air délicieux. → ……

7 *** **Inventez des phrases sur ces sujets, de manière à exprimer l'ironie. Vous utiliserez les procédés indiqués entre parenthèses.**

1. la publicité *(exagération)* → ……

2. ce rose fluo *(opposition)* → ……

8 *** **Soulignez les marques de l'ironie, puis réécrivez clairement le propos sous-entendu.** BREVET

1. Oh, chic, il pleut encore, quel bonheur !
J'apprécie tellement la météo de cet été : rien que de la bonne pluie bien froide !
→ ……

2. Puisqu'il fait si beau, nous pourrions, par exemple, rester enfermés pour travailler assidument notre contrôle de mathématiques, non ?
→ ……

Je réécris en utilisant les procédés de l'ironie BREVET

9 *** **Complétez ces phrases de manière à les rendre ironiques. Variez les figures de style (fausse logique, opposition, exagération...).**

1. Ces marcheurs se déplacent à 2 km/h. ……

2. Il ne lit presque jamais. ……

3. Ce gâteau est trop cuit. ……

J'applique ce que j'ai appris pour écrire

Par une belle journée, vos parents vous imposent de rester chez vous pour ranger votre chambre. Utilisez une ironie polie pour critiquer leur décision.

43 Les connecteurs argumentatifs

Connaissances et compétences visées

Dans cette leçon, je vais apprendre à :

✔ Comprendre le rôle des différents connecteurs argumentatifs

✔ Utiliser des connecteurs argumentatifs qui organisent le propos

J'observe et je manipule

1 a. Rayez les mots qui gênent la compréhension de ces phrases.

1. Il n'était pas invité parce qu'il est venu quand même.

2. Je n'ai pas fait mon travail pourtant j'étais malade.

3. Les spectateurs attendent donc le spectacle ne commence pas.

b. Lisez les phrases sans ces mots. Quel rôle auraient-ils dû tenir ?

....

c. Complétez alors ces phrases avec d'autres mots qui leur donnent du sens.

1. Il n'était pas invité .... il est venu quand même.

2. Je n'ai pas fait mon travail .... j'étais malade.

3. Les spectateurs attendent, ... le spectacle ne commence pas.

2

LUCKY. – [...] je reprends on ne sait pourquoi malgré le tennis les faits sont là on ne sait pourquoi je reprends au suivant bref enfin hélas au suivant pour les pierres qui peut en douter je reprends mais n'anticipons pas je reprends la tête en même temps parallèlement on ne sait pourquoi malgré le tennis au suivant la barbe les flammes les pleurs les pierres si bleues si calmes hélas la tête la tête la tête la tête en Normandie malgré le tennis les labeurs abandonnés inachevés plus grave les pierres bref je reprends hélas hélas [...]

S. Beckett, *En attendant Godot*, © Éditions de Minuit, 1952.

a. D'après vous, que devraient exprimer les connecteurs argumentatifs surlignés en vert ?

❒ La concession ❒ La conclusion ❒ L'opposition

b Que devraient indiquer les connecteurs argumentatifs surlignés en jaune ?

❒ La concession ❒ La conclusion ❒ L'opposition

c. Lucky utilise-t-il les connecteurs argumentatifs de façon cohérente ? ❍ Oui ❍ Non

Quelle incidence cela a-t-il sur le récit ?

....

....

bilan **À votre avis, pourquoi parle-t-on de connecteurs argumentatifs ? Quel est leur rôle dans un texte ?** ....

....

Je retiens

1. Les **connecteurs argumentatifs** servent de liaisons entre **les idées d'une argumentation** ou **d'un raisonnement**.

2. Ils permettent d'**organiser son propos** et de l'orienter vers **une conclusion**.

3. Les connecteurs argumentatifs appartiennent à différentes classes grammaticales et ont **des valeurs différentes**.

Valeur	Adverbes	Conjonctions de coordination	Conjonctions de subordination
Addition	en outre, en plus, de surcroit	et, ni... ni...	
Alternative	soit... soit...	ou... ou...	soit que... soit que...
Concession, opposition	cependant, certes, malgré, pourtant	mais, or	bien que, quoique
Cause	en effet, vu que	car	comme, puisque, parce que
Conséquence	de ce fait, ainsi, alors	donc	de sorte que, si bien que
Comparaison	comme, de même		comme

Mon exemple Rédigez une phrase en utilisant au moins deux connecteurs argumentatifs.

....

Je m'exerce

J'identifie les connecteurs argumentatifs et leur valeur

3 ** **Surlignez les connecteurs argumentatifs.**

1. Il est arrivé à l'heure ; de surcroit, il a fait son travail.
2. Le pilote est habile, il redresse donc l'avion.
3. Il entra dans le jardin, pourtant plongé dans l'obscurité.
4. Les oiseaux s'arrêtèrent de chanter brusquement. En effet, le soleil venait de se coucher.

5 ** **Dans le texte suivant, replacez ces connecteurs où il convient.**

mais • car • par là • comme • c'est pourquoi

Il est dangereux de dire au peuple que les lois ne sont pas justes, ... il n'y obéit qu'à cause qu'il les croit justes. .... il lui faut dire en même temps qu'il y faut obéir parce qu'elles sont lois, ... il faut obéir aux supérieurs, non pas parce qu'ils sont justes, ... parce qu'ils sont supérieurs. ...., voilà toute sédition prévenue [...].

D'après **B. Pascal**, « Injustice », *Pensées*, 1670.

4 ** **Dans le texte suivant, soulignez les connecteurs employés par l'auteur.**

« Tant qu'un peuple est contraint d'obéir et qu'il obéit, il fait bien ; sitôt qu'il peut secouer le joug et qu'il le secoue, il fait encore mieux : car recouvrant sa liberté par le même droit qui la lui a ravie, ou il est fondé à la reprendre, ou l'on ne l'était point à la lui ôter. » Mais l'ordre social est un droit sacré [...].

J.-J. Rousseau, *Du Contrat social*, 1762.

6 ** **Dans ces morales des *Fables* de la Fontaine, remplacez chaque mot en gras par un synonyme.**

1. « Nous faisons cas du Beau, nous méprisons l'Utile ;
Et .... le Beau souvent nous détruit. »
2. « Le monde est vieux, dit-on : je le crois ;
cependant ....
Il le faut amuser encor comme un enfant »
3. « **Car** .... c'est double plaisir de tromper le trompeur. »

D'après **J. de La Fontaine**, *Fables*, 1668-1678.

Je réécris en utilisant des connecteurs argumentatifs

BREVET

7 ** **Transformez ces phrases en remplaçant les connecteurs de cause par des connecteurs de conséquence. Vous pouvez inverser l'ordre des propositions.**

1. Tous les bâtiments furent détruits parce que la tempête ravagea la contrée.

....

....

2. Comme l'enfant était perdu, il se mit à pleurer.

....

....

8 *** **Réécrivez ce texte en reliant les propositions par des connecteurs.**

Cet élève a rendu copie blanche. Il est capable de réussir. Il doute de ses capacités. Il faudra l'encourager, lui donner confiance.

....

....

....

....

....

Je prépare la dictée

BREVET

9 *** **Écrivez la dictée lue par votre enseignant-e. Relisez-vous. Soulignez le ou les connecteur(s) argumentatif(s).**

....

....

....

....

....

....

J'applique ce que j'ai appris pour écrire

Exprimez votre opinion sur la place qu'occupent les réseaux sociaux dans nos vies (Twitter, Facebook, Instagram...). Utilisez au moins trois connecteurs argumentatifs et entourez-les.

....

....

....

....

....

44 Utiliser les connecteurs dans un texte narratif

Connaissances et compétences visées

Dans cette leçon, je vais apprendre à :

✔ Comprendre le rôle des différents connecteurs dans un texte narratif

✔ Utiliser des connecteurs pour lier les éléments d'une narration

J'observe et je manipule

1 Alors l'autobus est arrivé. Alors j'ai monté dedans. Alors j'ai vu un citoyen qui m'a saisi l'œil. Alors j'ai vu son long cou et j'ai vu la tresse qu'il y avait autour de son chapeau. Alors il s'est mis à pester contre son voisin qui lui marchait alors sur les pieds. Alors, il est allé s'asseoir.

Alors, plus tard, je l'ai revu Cour de Rome. Alors il était avec un copain. Alors, il lui disait, le copain : tu devrais faire mettre un autre bouton à ton pardessus. Alors.

R. Queneau, « Alors », *Exercices de style*,
© Éditions Gallimard, 1947.

a. Le narrateur se contente d'un seul mot, en début de phrase, pour organiser son récit dans le temps. Quel est ce mot ? Surlignez-le dans le texte.

b. Quel est le sens de ce mot ?

❍ Il exprime un rapport de cause.

❍ Il montre une succession d'actions dans le temps.

c. Réécrivez le texte en remplaçant ce mot par d'autres capables de lier les évènements ensemble.
Attention **: le mot en question ne peut pas toujours être remplacé.**

....

....

....

....

....

2 Alors, avec sa verve provençale, en phrases chaudes, qui évoquaient les images, il montra le nouveau commerce à l'œuvre. Ce fut d'abord la puissance décuplée de l'entassement, toutes les marchandises accumulées sur un point, se soutenant et se poussant […] ; et, de comptoir en comptoir, la cliente se trouvait prise, achetait ici l'étoffe, plus loin le fil, ailleurs le manteau, s'habillait, puis tombait dans des rencontres imprévues, cédait au besoin de l'inutile et du joli. Ensuite, il célébra la marque en chiffres connus.

É. Zola, *Au Bonheur des Dames*, 1883.

a. Entourez les mots qui, dans le texte, permettent d'organiser le récit dans le temps. Vous avez repéré les connecteurs temporels.

b. Soulignez maintenant les mots qui permettent d'organiser le récit dans l'espace : ce sont les connecteurs spatiaux.

bilan Qu'apportent au texte ces différents connecteurs ? Quelle est leur influence sur le déroulement des actions ?

....

....

Je retiens

1. Les **connecteurs** servent de **liaisons** entre les différents éléments d'une narration.
2. Les **connecteurs spatio-temporels** permettent de **situer les évènements** dans l'espace et dans le temps.
3. D'autres connecteurs, comme les **connecteurs argumentatifs**, peuvent servir à créer les liens logiques qui unissent différents éléments du texte (on se reportera à la leçon 43 p. 116 sur ce point).

Mon exemple Inventez une phrase avec un connecteur spatial et un connecteur temporel.

....

Je m'exerce

Je repère les connecteurs

3 * **Replacez ces quatre étapes du** *Petit Chaperon rouge* **dans l'ordre en vous aidant des connecteurs narratifs introduisant chaque phrase.**

.... **1.** Ensuite le Chaperon rouge rencontre le loup dans la forêt.
.... **2.** D'abord la mère du Chaperon rouge fait une galette et lui demande de l'apporter à sa grand-mère.
.... **3.** Alors le loup entre chez la grand-mère, la dévore et prend sa place.
.... **4.** Puis le Chaperon rouge se promène dans la forêt.

4 ** **Dans ces phrases, soulignez les connecteurs temporels.**

1. D'abord je ferai mes devoirs avant d'aller jouer au football en bas de chez moi.
2. Un peu plus tard, j'allai voir le soleil se coucher derrière le port.
3. Enfin la vie a pris, à ses yeux, une valeur plus grande.
4. Au dernier moment, ils révélèrent ce qu'ils tenaient secret jusque-là.

5 ** **Reliez le connecteur de chaque phrase à l'étiquette qui convient.**

1. D'abord je pris soudain conscience de sa gentillesse. •
2. Alors, elle me gratifia d'un sourire plein de bonté. •
3. Droit devant, les côtes apparaissent. •
4. Enfin nous lui offrirons le cadeau. •

• Connecteur temporel
• Connecteur spatial

J'utilise les connecteurs dans un texte narratif

6 ** **Complétez le texte ci-dessous avec les connecteurs argumentatifs suivants :**
or • car • en somme • parce que • mais • bien que • cependant.

Oreste était épris d'Hermione .... cette dernière le repoussa .... elle était amoureuse de Pyrrhus. ...., Pyrrhus brulait d'amour pour Andromaque .... il la retînt prisonnière. ...., Andromaque refusait de l'épouser .... elle souhaitait rester fidèle à Hector, son défunt mari. ...., aucun amour n'était réciproque et cette histoire finit de façon tragique.

7 ** **Inventez deux phrases avec** *enfin*, **d'abord comme connecteur temporel, ensuite comme connecteur argumentatif.**

1. ....

2. ....

8 ** **Dans ce texte, remplacez chaque connecteur entre parenthèses par une expression synonyme.**

(D'abord) ...., je pense que tous les citoyens naissent égaux, *(ensuite)* ...., qu'ils ont droit à une éducation, *(enfin)* .... qu'ils doivent tous être soignés.

Je réécris en utilisant des connecteurs BREVET

9 *** **Réécrivez ce texte en reliant les phrases par des connecteurs.**

Mon professeur de français voulait que je prépare un exposé sur *Le Robot qui rêvait*, d'Isaac Asimov. Je ne voyais pas comment faire. Je n'avais pas le courage de lire cette nouvelle. Il a réussi à me convaincre grâce au discours passionné qu'il a tenu sur le livre.

....

....

....

....

....

....

....

J'applique ce que j'ai appris pour écrire

Vous deviez aller au cinéma mais des évènements vous ont fait manquer la séance. Racontez-le en utilisant ces connecteurs :
devant • soudain • mais • plus loin • malgré • puis.

....

....

....

....

....

....

....

....

45 Les modalisateurs

Connaissances et compétences visées

Dans cette leçon, je vais apprendre à :
- ✓ Découvrir le rôle des modalisateurs dans la construction d'un discours
- ✓ Utiliser les modalisateurs pour exprimer un jugement ou une opinion

J'observe et je manipule

1 **a. Classez les cinq phrases ci-dessous selon le degré de certitude qu'elles expriment. Pour le faire, écrivez les numéros de phrase sur l'axe.**

le moins certain → .... → le plus certain

1. J'en suis certaine : il est malade. → ....
2. Et s'il était malade ? → ....
3. Il se pourrait qu'il soit malade. → ....
4. Il est sans doute malade. → ....
5. Je pense qu'il est malade. → ....

b. Indiquez ce qui permet d'exprimer le degré de certitude plus ou moins grand.

2 Cette salle, entièrement boisée, fut jadis peinte en une couleur indistincte aujourd'hui, qui forme un fond sur lequel la crasse a imprimé ses couches de manière à y dessiner des figures bizarres. Elle est plaquée de buffets gluants sur lesquels sont des carafes échancrées, ternies [...]. Il s'y rencontre de ces meubles indestructibles, proscrits partout, mais placés là comme le sont les débris de la civilisation aux Incurables. [...] Pour expliquer combien ce mobilier est vieux, crevassé, pourri, tremblant, rongé, manchot, borgne, invalide, expirant, il faudrait en faire une description qui retarderait trop l'intérêt de cette histoire [...]. Enfin, là règne la misère sans poésie.

H. de Balzac, *Le Père Goriot*, 1835.

a. La description est :
- ❍ méliorative (positive).
- ❍ péjorative (négative).

Soulignez dans le texte les éléments qui le prouvent.

b. Identifiez dans le texte un champ lexical et encadrez les mots qui s'y rapportent. Quel est ce champ lexical ?

....

c. Identifiez une figure de style et surlignez-la. Quelle est cette figure de style ?

....

bilan **D'après vos réponses précédentes, la description faite dans le texte est :**
❍ objective (neutre). ❍ subjective (exprimant un point de vue personnel).

Je retiens

1. Les **modalisateurs** permettent à celui qui s'exprime de nuancer son propos. Ils servent à émettre un avis personnel, un doute, une certitude.
2. Les modalisateurs permettent aussi d'**exprimer un jugement**, qu'il soit **mélioratif** (positif) ou **péjoratif** (négatif). Les figures de style (comparaison, anaphore) ainsi que le lexique, contribuent à cette modalisation.

Nuances	Procédés
Doute	**Adverbe :** peut-être **Mode ou temps :** conditionnel, futur antérieur **Phrase interrogative**
Certitude	**Adverbes :** sans aucun doute, assurément **Verbes :** assurer, affirmer **Temps :** futur, impératif
Opinion personnelle	**Adverbes :** de mon côté, en ce qui me concerne **Verbes :** penser, avoir le sentiment

Mes exemples Rédigez deux phrases utilisant des modalisateurs, la première méliorative, la seconde péjorative.

1. ....
2. ....

Je m'exerce

J'identifie les modalisateurs et leurs effets

3 * **Reliez chaque modalisateur à l'étiquette qui convient.**

assurément •	• Hypothèse
en ce qui me concerne •	• Certitude
peut-être •	• Opinion personnelle
sans aucun doute •	
à mon avis •	
sans doute •	

4 * **Dans cet extrait, entourez les adjectifs péjoratifs.**

J'accuse le lieutenant-colonel du Paty de Clam d'avoir été l'ouvrier diabolique de l'erreur judiciaire, en inconscient, je veux le croire, et d'avoir ensuite défendu son œuvre néfaste, depuis trois ans, par les machinations les plus saugrenues et les plus coupables.

É. Zola, « J'accuse », 1898.

5 * **Surlignez les modalisateurs qui expriment la certitude dans ces phrases.**

1. Je sais avec quelle fureur le fanatisme s'élève contre la philosophie. (**Voltaire**)
2. Il serait inutile de dire combien la société est nécessaire aux hommes : tous la désirent et tous la cherchent. (**F. de La Rochefoucauld**)

6

Julien se retrouva seul dans une bibliothèque magnifique ; ce moment fut délicieux. Pour n'être pas surpris dans son émotion, il alla se cacher dans un petit coin sombre ; de là il contemplait avec ravissement le dos brillant des livres : « Je pourrai lire tout cela, se disait-il. Et comment me déplairais-je ici ? »

Stendhal, *Le Rouge et le Noir*, 1830.

** **Soulignez les modalisateurs du texte. Précisez pour chacun sa classe grammaticale et l'effet qu'il provoque.**

....

....

....

Je réécris pour modifier le degré de certitude exprimé par un texte

BREVET

7 ** **Réécrivez le texte ci-dessous en remplaçant les mots en gras par d'autres de votre choix de façon à diminuer le degré de certitude.**

Il est **certain** que l'humanité **vivra** un jour sur plusieurs planètes. Nous **devrons certainement** cohabiter avec les espèces extra-terrestres qui **existent assurément** hors du système solaire.

....

....

....

....

8 ** **Dans ces phrases, soulignez les modalisateurs. Réécrivez-les en remplaçant ces modalisateurs pour augmenter le degré de certitude.**

1. Séverine a sans doute réussi ses examens. → ....
2. Julio pourrait probablement devenir journaliste. → ....

Je prépare la dictée

BREVET

9 *** **Écrivez la dictée lue par votre enseignant-e. Relisez-vous. Soulignez les mots exprimant le jugement ou le sentiment de l'énonciateur.**

....

....

....

....

....

....

....

J'applique ce que j'ai appris pour écrire

Et si un jour l'humanité partait vivre sur Mars ? Expliquez en quelques lignes comment vous imaginez cette vie. Vous emploierez des modalisateurs variés.

....

....

....

....

....

....

J'évalue mes acquis — Comprendre le jugement exprimé dans un texte

Avez-vous bien compris les leçons sur la manière d'exprimer un jugement dans le texte ?
Vérifiez en lisant cet extrait et en répondant aux questions d'un groupe.

Le Thénardier était un homme petit, maigre, blême, anguleux, osseux, chétif, qui avait l'air malade et qui se portait à merveille ; sa fourberie commençait là. Il souriait habituellement par précaution, et était poli à peu près avec tout le monde, même avec le mendiant auquel il refusait un liard. Il avait le regard d'une fouine.[…]

Il avait des prétentions à la littérature et au matérialisme. Il y avait des noms qu'il prononçait souvent, pour appuyer les choses quelconques qu'il disait, Voltaire, Raynal, Pamy […]. Du reste fort escroc. Un filousophe.[…] Il contait avec quelque luxe qu'à Waterloo, étant sergent dans un 6e ou un 9e léger quelconque, il avait, seul contre un escadron de hussards de la Mort, couvert de son corps et sauvé à travers la mitraille « un général dangereusement blessé ». De là, venait, pour son mur, sa flamboyante enseigne, et, pour son auberge, dans le pays, le nom de « cabaret du sergent de Waterloo ».

V. Hugo, *Les Misérables*, 1862.

Groupe 1

Je repère

1. Reliez ces connecteurs dans le texte à leur valeur.

« *pour* » •   • valeur finale (but)
« *De là* » •   • valeur de conséquence

2. Entourez les « *et* » dans les deux premières phrases.

• Lequel a un sens d'opposition ?

....

• Lequel a un sens d'addition ?

....

3. Les adjectifs utilisés pour faire le portrait du personnage dans la première phrase sont :

❍ mélioratifs.   ❍ péjoratifs.

Je manipule

4. Relevez un modalisateur par lequel l'auteur caractérise son personnage.

....

....

....

5. Pourquoi la phrase soulignée est-elle ironique ?

....

....

J'écris

6. À votre tour d'écrire en quatre lignes le portrait physique et moral, péjoratif ou mélioratif, d'une personne de votre choix.

Groupe 1, 2 ou 3 : *je rédige en respectant la consigne 6*

....

....

....

....

....

....

....

....

Groupe 2

Je repère

1. Précisez la valeur et la classe grammaticale des connecteurs surlignés dans le texte.

....

....

....

2. Entourez les *et* des deux premières phrases. Pourquoi ont-ils des valeurs différentes ?

....

....

3. Le portrait du personnage est :
❍ mélioratif. ❍ péjoratif.
Surlignez un passage qui le prouve dans le texte.

Je manipule

4. a. Soulignez deux modalisateurs par lequel l'auteur désigne explicitement son personnage.
b. Quels sont les deux mots qui composent « *filousophe* » (l. 12) ? Expliquez ce terme.

....

....

....

5. Dans la phrase soulignée, quelle figure de style provoque l'ironie ?

....

J'écris

6. À votre tour d'écrire en six lignes le portrait physique et moral, péjoratif ou mélioratif, d'une personne de votre choix. Vous surlignerez les modalisateurs.

Groupe 3

Je repère

1. Précisez la valeur et la classe grammaticale des connecteurs en gras dans le texte.

....

....

....

2. Quelle est la valeur des deux *et* dans les deux premières phrases du texte ? Justifiez.

....

....

3. Quel portrait l'auteur propose-t-il de Thénardier ? Surlignez deux passages qui le prouvent dans le texte. ....

Je manipule

4. a. Soulignez les trois modalisateurs qui désignent explicitement Thénardier.
b. Comment est composé « *filousophe* » (l. 12) ? Pourquoi s'agit-il d'un modalisateur ? ....

....

....

....

5. a. Dans la phrase soulignée, quelle figure de style provoque l'ironie ?

....

b. Encadrez un autre passage ironique dans le texte.

J'écris

6. À votre tour d'écrire en huit lignes le portrait physique et moral, péjoratif ou mélioratif, d'une personne de votre choix. Vous utiliserez l'ironie.

Compétences évaluées J'évalue mes acquis en complétant chaque smiley.	🙂😐🙁
1. J'ai compris les procédés de l'ironie.	☺
2. J'ai su identifier et utiliser les connecteurs argumentatifs.	☺
3. J'ai su identifier et utiliser les connecteurs spatio-temporels.	☺
4. J'ai compris le jugement contenu dans un texte (péjoratif ou mélioratif).	☺

Méthode — Relever des indices pour comprendre un texte

Dans cette double page, vous allez apprendre à repérer des indices et les analyser afin de mieux comprendre les textes que vous lisez.

Galerie Eisenstein,
San Francisco, Californie, USA

Le 5 novembre 1933

Herrn Martin Schulse
c/o Deutsch-Voelkische Bank
und Handelsgesellschaft
Munich, ALLEMAGNE

Martin,

Je t'écris de nouveau car j'y suis obligé. Un sombre pressentiment m'habite. J'ai écrit à Griselle dès que j'ai su qu'elle était à Berlin et elle m'a répondu un mot très bref. Les répétitions se passaient brillamment et la pièce devait être incessamment à l'affiche. Ma seconde lettre, qui contenait plus d'encouragements que de mises en garde, m'a été retournée, non ouverte, avec la mention « Inconnu à cette adresse ». Quelles ténèbres véhiculent ces mots… Comment pourrait-elle être inconnue au théâtre même où elle joue ? Il s'agit sûrement d'un message signifiant qu'il lui est arrivé malheur. « On sait ce qui s'est passé, mais vous, vous n'en saurez jamais rien », disent ces cachets sur l'enveloppe. Elle est tombée dans une sorte de vide et il est inutile de la chercher. Voilà tout ce qu'on me dit par ces deux mots, *Adressant Unbekannt*[1].

Martin, dois-je te demander de la trouver, de la secourir ? Tu as connu sa grâce, son charme, sa beauté. Elle t'a donné ce qu'elle n'a donné à aucun autre homme : son amour. N'essaie pas de m'écrire. Je sais que je n'ai pas même besoin de te demander ton aide. T'apprendre qu'elle est sans doute en danger suffit.

Je la remets entre tes mains car je n'ai aucun autre recours.

Max

Kressmann Taylor, *Inconnu à cette adresse*, 1939,
traduction de Michèle Levy-Bram, © Éditions Autrement, 1999.

1. « inconnu à cette adresse ».

Voici le sujet de travail.

Vous allez présenter ce texte. Pour cela, vous allez indiquer l'auteur, le titre, la situation d'énonciation, les relations entre les personnages, les références historiques et les enjeux.

Mon travail préparatoire

Étape 1 J'observe le paratexte et la mise en page

Lire un texte, c'est être attentif à tous les indices qui vous sont donnés. Commencez par observer le **paratexte**, c'est-à-dire toutes les informations données autour du texte.

a. Qui est l'auteur de ce texte ?

....

b. Donnez le titre du livre dont il est extrait.

....

c. En quelle année a été publié ce livre ?

....

d. Le texte, extrait de l'œuvre, est :

❍ un article. ❍ une lettre.

Justifiez les réponses de l'étape 1 en complétant ce tableau. Vous vous aiderez des différents éléments surlignés.

En-tête de l'expéditeur	Adresse du destinataire	Date d'écriture	Formule d'appel	Signature

Un roman composé de lettres est un roman **épistolaire** (du latin *epistula*, « lettre »).

Étape 2 **J'identifie la situation d'énonciation**

Bien comprendre un texte, c'est avant tout analyser qui sont les **protagonistes** (les personnages principaux) et les relations qu'ils entretiennent.

**a. Qui est l'émetteur de cette lettre ?
Qui en est le destinataire ?**

....

....

....

b. Où se trouve chacun d'eux ?

Max Eisenstein vit ....

Martin Schulse vit ....

c. Selon vous, pour Griselle, Max est :

❍ son père. ❍ son frère. ❍ son patron.

d. Relisez la lettre. Qui est Griselle pour Martin ? Justifiez votre réponse en citant le texte.

....

....

....

....

e. Que demande Max à Martin ? Que cela vous apprend-il de leurs relations ? Justifiez votre réponse.

....

....

....

....

....

Étape 3 **J'émets des hypothèses de lecture**

Certains textes s'inscrivent dans un **contexte historique** qu'il est important de déterminer pour comprendre les enjeux de la narration.

a. Quel est le contexte historique de la lettre ?

❍ Avant la Première Guerre mondiale
❍ Avant la Seconde Guerre mondiale

b. Quels indices vous ont permis de répondre ?

....

....

....

....

....

....

....

....

Dans *Inconnu à cette adresse*, Max Eisenstein est un marchand d'art, associé à Martin Schulse. De confession juive, il a émigré aux États-Unis avant de revenir en Allemagne.

c. Selon vous, qu'est-il arrivé à Griselle ?

....

....

....

....

Mon autoévaluation
Je relis ma production pour m'autoévaluer en complétant chaque smiley.

	☺ 😐 ☹
1. J'ai repéré les caractéristiques de la lettre.	○
2. J'ai identifié la situation d'énonciation.	○
3. J'ai analysé les relations entre les personnages.	○
4. J'ai pris en compte le contexte historique.	○

Ma production

....

....

....

....

....

....

....

....

Méthode Réussir sa dictée

Dans cette double page, vous allez apprendre à vous organiser pour réussir vos dictées. Chaque étape vous permettra de mobiliser vos connaissances pour faire une relecture efficace et apporter les corrections nécessaires.

Remarque : Le jour de l'épreuve, le texte de la dictée est lu trois fois.

Pour écrire, il me faut le matin ; et que ce soit le premier acte de la journée. La nuit ne m'est pas propice. Rébarbative, la feuille grisaille.

Je me sers d'un feutre noir pour que l'écriture soit lisible et fortement encrée. Je corrige avec d'autres feutres multicolores. Sur le nombre, j'aime déverser des arcs-en-ciel.

Je m'attends, d'un jour à l'autre, à bondir vers l'ordinateur et le traitement de texte. Mais j'hésite encore…

Aurais-je régressé ? Ayant, depuis peu, même renoncé à la machine à écrire que j'utilisais jadis en constant va-et-vient ?

J'avoue retrouver un plaisir suave, quasiment charnel, à n'écrire qu'à la main !

A. Chédid, « Méthodes », *Poèmes*,
© Éditions Flammarion, 2014.

Mon travail préparatoire

Étape 1 J'écoute la première lecture du texte

Le professeur fait une lecture du texte que vous aurez à écrire.
Vous devez vous concentrer sur **le sens général du texte,** sans penser à l'orthographe.

a. Quel est le thème du texte ?

❍ L'écriture
❍ L'ordinateur
❍ Les arcs-en-ciel

b. Il s'agit-il d'une narration :

❍ à la 1re personne. ❍ à la 3e personne.

Identifiez les éléments-clés du texte en essayant, par exemple, d'imaginer la scène racontée.

Étape 2 J'écris le texte sous la dictée

Le professeur dicte le texte avec la ponctuation et vous devez l'écrire au fur et à mesure.
Il est important de **soigner votre graphie**, de bien former les lettres et de présenter correctement votre travail.

a. Si vous ne comprenez pas un mot, vous devez :

❍ demander au professeur.
❍ attendre la relecture.
❍ regarder sur votre voisin.

Il est important de ne pas prendre de retard. Vous compléterez votre dictée au moment de la relecture.

b. Après quel(s) signe(s) de ponctuation devez-vous mettre une majuscule ? ❐ … ❐ . ❐ ; ❐ ! ❐ ? ❐ :

Notez soigneusement **la ponctuation** : elle sera essentielle lors de la relecture.

Étape 3 Je me concentre lors de la relecture

Lorsqu'on vous relit le texte, **complétez** les mots qui vous manquent.
N'oubliez pas qu'une phrase commence par une **majuscule** et se termine par un **point**.
Soyez également attentif-ve aux **noms propres** (personne, lieu) : ils prennent une majuscule.
C'est seulement lors de l'**étape 4** que vous chercherez à orthographier ou à accorder les mots.

Étape 4 Je me relis efficacement pour me corriger

Relisez votre dictée **phrase par phrase, proposition par proposition**, en vous aidant de la ponctuation.
Concentrez-vous sur les points suivants ; ils vous permettront de corriger de nombreuses erreurs.

1. Les verbes du 1er groupe

a. À l'aide du texte, complétez ce tableau.

Verbe du 1er groupe à l'infinitif	Participe passé employé dans un temps composé (avec un auxiliaire)

À l'oral, il est impossible de faire la différence entre un verbe du 1er groupe à l'infinitif et un participe passé en [é]. Il faut alors utiliser un verbe du 3e groupe pour lequel la différence entre l'infinitif et le participe passé s'entend (ex. : *perdre/perdu*).

b. Remplacez le verbe du 1er groupe par un verbe du 3e groupe.

« *J'avoue retrouver un plaisir suave* »
→ J'avoue .... un plaisir suave

c. Expliquez la terminaison du participe passé « *encrée* ».

....

....

....

....

....

2. Les terminaisons verbales

a. Quel est le temps verbal dominant dans ce texte ?

❍ L'imparfait ❍ Le présent ❍ Le passé simple

Si vous vous interrogez sur la terminaison d'un verbe conjugué, demandez-vous quel est son infinitif.

b. Pour chaque verbe, indiquez son groupe :

- je me sers (..................) ;
- j'attends (..................) ;
- j'avoue (..................).

c. Quelle peut être la terminaison d'un verbe conjugué à la 1re personne du singulier au présent de l'indicatif ?

....

....

....

....

3. Les accords dans le groupe nominal

Par quels déterminants pouvez-vous remplacer l'élément en bleu dans le texte ?

❒ un ❒ des ❒ mes ❒ le

Après un déterminant pluriel, il faut penser à accorder au pluriel les éléments d'un GN.

4. L'orthographe lexicale

Vous hésitez sur l'orthographe d'un mot ?
Cherchez un mot de la même famille.

Retrouvez dans le texte un mot de la même famille que :

- matinal → ....
- gris → ....

Les mots de la même famille sont construits sur **le même radical**.

Mon autoévaluation Je relis ma production pour m'autoévaluer en complétant chaque smiley.	☺ 😐 ☹
1. J'ai soigné ma graphie.	☺
2. J'ai prêté attention à la ponctuation et aux majuscules.	☺
3. J'ai distingué verbe à l'infinitif et participe passé.	☺
4. J'ai respecté les terminaisons verbales.	☺

Mes dictées

Écrivez les deux dictées lues par votre enseignant-e.
Relisez-vous.

Méthode — Réussir sa réécriture

Dans cette double page, vous allez vous exercer à réécrire une ou plusieurs phrases avec un ou des changement(s) qui en entraine(nt) d'autres.

1. Changer de personne et/ou de nombre

Étape 1 Je comprends la consigne

On peut vous demander de changer de personne, de passer du masculin au féminin ou encore du singulier au pluriel.

Méthode

Surlignez le(s) changement(s) demandé(s) dans la consigne : par exemple, remplacer la 1re personne (du singulier ou du pluriel) par la 3e personne (du singulier ou du pluriel).

J'applique la Méthode dans cette consigne :

Réécrivez ce passage en remplaçant « *moi* » par « *nous* » et « *vous* » par « *tu* ». Faites toutes les modifications nécessaires.

Étape 2 Je repère le passage concerné

Méthode

Encadrez le passage concerné dans le texte et **surlignez tous les mots à transformer** : GN, pronoms, terminaisons.

J'applique la Méthode dans ce texte :

– Moi, reprit-il, au bout d'un instant, je suis obligé d'en tenir compte. Et alors, voyez comme tout devient clair ! À deux heures vous partez pour la chasse. À trois heures vous êtes au carrefour des Treize-Chemins, où votre présence a été signalée. [...].

M. Leblanc, « Le Meurtre », *Un Gentleman et autres nouvelles*, © Éditions des Falaises, 2006.

Étape 3 Je prépare au brouillon

Méthode

Réécrivez la ou les phrase(s) sans les mots à modifier, **puis insérez vos réponses**. Vérifiez que vous avez effectué tous les changements demandés avant de recopier au propre sur votre copie.

J'applique la Méthode :

Barrez les réponses fausses dans cette réécriture. Rappel de la consigne : réécrivez ce passage en remplaçant « *moi* » par « *nous* » et « *vous* » par « *tu* ». Faites toutes les modifications nécessaires.

Nous / Vous, reprit-il, au bout d'un instant, **nous / vous sommes / êtes obliger / obligés** d'en tenir compte. Et alors **voit / vois / voyez** comme tout devient clair ! À deux heures tu **pares / pars** pour la chasse. À trois heures tu **suis / es** au carrefour des Treize-Chemins, où **ta / votre** présence a été signalée.

2. Changer de temps

Étape 1 Je comprends la consigne

On peut vous demander de passer d'un temps simple à un temps composé, ou d'un système de temps à un autre (ex. : récit au présent → récit au passé).

Méthode

Surlignez les changements demandés dans la consigne.

J'applique la Méthode dans cette consigne :

Voici la consigne :

Réécrivez ce passage en remplaçant le système du passé par celui du présent et en procédant à toutes les transformations nécessaires.

Étape 2 Je repère le passage concerné

Méthode

Encadrez le passage concerné dans le texte et soulignez les verbes conjugués. Vérifiez alors la **concordance des temps**.

- temps simple → présent ;
- temps composé → passé composé.

J'applique la Méthode dans ce texte :

Quatre fois en quinze jours, le juge d'instruction se rendit chez moi. Il perquisitionna. Il interrogea les domestiques.

Une piste lui parut d'abord digne d'intérêt : celle d'un braconnier avec lequel M. de Gasser avait eu maille à partir. Mais cet homme fournit un alibi. Il s'écoula ensuite deux semaines, et un jour je reçus une convocation.

M. Leblanc, « Le Meurtre », *Un Gentleman et autres nouvelles*, © Éditions des Falaises, 2006.

Étape 3 **Je réécris le passage en faisant toutes les modifications demandées**

J'identifie les temps des verbes :

1. Quels sont les temps des verbes que vous avez soulignés à l'étape 2 ?

....

2. À quels temps devez-vous les transformer ?

....

Je réécris les verbes du texte :

Quatre fois en quinze jours, le juge d'instruction .... chez moi. Il .... Il .... les domestiques. Une piste lui .... d'abord digne d'intérêt : celle d'un braconnier avec lequel M. de Gasser .... maille à partir. Mais cet homme .... un alibi. Il .... ensuite deux semaines, et un jour je .... une convocation.

3. Changer de voix

Étape 1 **Je comprends la consigne**

Il s'agit de passer de la voix active à la voix passive, ou de la voix active à la voix passive.

Étape 2 **J'encadre le(s) verbe(s) conjugué(s)**

Rappel

À la voix passive, le verbe est composé de l'auxiliaire *être* et du participe passé. Ce dernier s'accorde donc avec le sujet.

Étape 3 **Je repère les sujets et les compléments**

Méthode

Soulignez le **sujet** et le **complément direct du verbe** pour la voix active, le **sujet** et le **complément d'agent** pour la voix passive.

Au brouillon, **croisez** le sujet et le complément direct du verbe ou le sujet et le complément d'agent. Modifiez le verbe en conservant le même temps.

J'applique la Méthode :

Voici la consigne :

Réécrivez cette phrase à la voix passive :

Un homme avait transporté la victime à l'auberge voisine. (D'après ***M. Leblanc***)

a. **Encadrez le verbe et précisez à quel temps il est conjugué.**

b. **Soulignez le sujet une fois et le complément direct du verbe deux fois.**

Un homme avait transporté la victime à l'auberge voisine.

Temps du verbe : ....

c. **Écrivez maintenant la phrase à la voix passive.**

....

....

....

....

4. Changer de type de discours

On peut vous demander de passer du discours direct au discours indirect ou inversement.

Méthode

Exercice assez souvent demandé, le changement de type de discours consiste à :

- **passer du discours direct au discours indirect** : repérez les pronoms, déterminants, adverbes qui seront modifiés ainsi que le type de phrase ; respectez la concordance des temps ;
- **passer du discours indirect au discours direct** : respectez la disposition et la ponctuation du discours direct (guillemets, tirets, deux-points) ; faites les changements de temps et de personne qui s'imposent.

J'applique la Méthode :

1. **Réécrivez ce passage au discours direct.**

Je répondis avec étonnement que ma carabine avait disparu plus de six semaines auparavant, que dix personnes témoigneraient qu'elle m'avait été volée.

D'après **M. Leblanc**, *id.*

a. **Soulignez la proposition qui contient un verbe de parole et barrez les conjonctions qui disparaitront au discours direct.**

b. **Indiquez par * les endroits où vous placerez les guillemets.**

c. **Réécrivez le passage. N'oubliez pas de changer le temps des verbes.** ....

....

....

....

2. **Réécrivez la phrase suivante au discours indirect, en commençant par :** *Il me demanda...*

« Ne l'avez-vous pas fait disparaitre vous-même en prévision de ce qui allait arriver ? » **(M. Leblanc)**

....

....

Mon autoévaluation
Je relis ma production pour m'autoévaluer en complétant chaque smiley.

	🙂 😐 ☹️
1. J'ai recopié un passage sans faire d'erreurs.	⚇
2. J'ai modifié les personnes et les temps.	⚇
3. J'ai utilisé les voix active et passive.	⚇
4. Je suis passé-e d'un discours à l'autre.	⚇

Méthode — Réussir son sujet d'imagination

Dans cette double page, vous allez apprendre à rédiger un sujet d'imagination. Cet intitulé ne doit pas vous tromper : il ne s'agit pas de laisser libre cours à votre imagination, mais d'inventer des éléments en répondant à des contraintes d'écriture précises.

Voici le sujet de travail.

Vous allez analyser le sujet d'imagination afin d'en dégager les contraintes de rédaction.

Exemple de sujet d'imagination :
Alors que l'auteure s'est endormie, sa mère lui apparait en rêve. Cette dernière raconte un évènement de sa vie marquant. Pour mieux la comprendre, l'auteure lui pose des questions. Après en avoir précisé les circonstances, imaginez cet échange. Votre rédaction sera d'une longueur minimale d'une soixantaine de lignes (300 mots environ).

Mon organisation de travail

Étape 1 J'analyse le sujet et j'identifie ses contraintes

Vous devez être très attentif-ve à la **formulation du sujet** qui vous précise de manière explicite ou seulement suggérée les contraintes de votre travail.

1. Le lien avec le texte proposé

Demandez-vous si le sujet d'imagination a un lien direct avec le texte et, si oui, lequel.

Pour quelle raison l'auteure pose-t-elle des questions à sa mère ?

....

....

....

2. Le genre d'écrit demandé

Il est essentiel de savoir quel genre d'écrit vous devez produire pour **éviter un hors-sujet** formel.

Associez chaque proposition au genre attendu :

« pose des questions » •	• dialogue
« Après en avoir précisé les circonstances » •	• début narratif
« cet échange » •	

3. Le choix du type d'énonciation

Demandez-vous à quelle personne vous devez rédiger votre texte.

a. Dans ce sujet, vous pouvez rédiger à :

❐ la 1re personne. ❐ la 2e personne. ❐ la 3e personne.

b. Dans le dialogue, chaque personnage s'exprime à :

❍ la 1re personne. ❍ la 3e personne.

c. Dans le récit, quels pronoms utiliseriez-vous ?

❐ Elles ❐ Ils ❐ Nous

4. Les données spatio-temporelles

Vous devez comprendre à quelle époque se déroule votre récit par rapport au texte.

L'époque où se situe l'évènement raconté par la mère peut être :

- proche de l'année de la publication. ❍ Vrai ❍ Faux
- éloignée de l'année de la publication. ❍ Vrai ❍ Faux

Étape 2 Je cherche des idées et les organise au brouillon

En analysant le sujet, vous avez déjà eu des idées sur ce que vous devez écrire. Il est maintenant temps de **les mettre au brouillon.**

1. Trouver des idées

Vous devez exploiter **vos idées, vos connaissances personnelles** et les écrire au fur et à mesure sans chercher d'ordre particulier dans un premier temps.

Posez-vous les questions suivantes.

- Quel évènement a pu marquer la mère ?

....

....

....

....

....

....

- Quelles ont été ses sensations, ses émotions et ses pensées au moment où elle l'a vécu ?

....

....

- Quelles sont ses sensations, ses émotions et ses pensées au moment où elle évoque ce souvenir ?

....

....

2. Organiser ses idées

Organisez vos idées selon **une cohérence chronologique** qui sera propre au sujet que vous traitez.

Reliez chaque étape en fonction de son ordre d'apparition dans le récit.

réactions au moment de l'évènement •	• Étape 1
description initiale •	• Étape 2
passage narratif •	• Étape 3
réactions au moment de l'échange •	• Étape 4
description dans le récit de la mère •	• Étape 5

Étape 3 **J'enrichis mon récit**

Vous avez organisé vos idées, vous avez le plan de votre récit. Vient maintenant **le temps de la rédaction** proprement dite.

1. Une progression détaillée

Développez les moments-clés :

• **pour l'auteure :**

– le moment où sa mère lui apparait :

....

– le moment où elle découvre un aspect inconnu de sa mère :

....

• **pour la mère :**

– le moment où l'évènement survient :

....

– ses réactions :

....

2. Nuancer son propos

En rédigeant, vous devez enrichir vos idées avec **un vocabulaire varié**, en tenant compte des champs lexicaux que vous avez choisis.

Par quels verbes pouvez-vous remplacer *demander* dans l'échange entre l'auteure et sa mère ?

....

....

....

....

....

3. Conclure et se relire

Prenez le temps de **rédiger une conclusion** ainsi que de **vous relire**. N'hésitez pas à utiliser le dictionnaire que vous aurez apporté le jour de l'épreuve pour supprimer les éventuelles répétitions.

Sujets analysés

a. Lisez ces trois sujets d'imagination :

A. Il vous est arrivé, sur un trajet régulier, de croiser une personne qui a attiré votre attention. À partir de quelques détails observés, vous imaginerez sa vie.

B. Isaïe, le cadet, veut ramener la jeune femme blessée dans la vallée pour la soigner. Son frère, lui aussi amoureux d'elle, s'y oppose. Imaginez le dialogue entre les deux frères ainsi que la décision qui sera prise.

C. Un mois après le lui avoir confié, l'enfant veut s'assurer que son chien est heureux. Il rend visite à la dame. Il raconte cet épisode tout en exprimant ses sentiments. Vous rédigerez un récit incluant un dialogue.

b. Indiquez pour chaque sujet ses contraintes d'écriture dans le tableau ci-dessous.

	A	B	C
Un récit			
Du dialogue inséré dans un récit			
Un portrait			
L'évocation de sentiments			
De l'argumentation			
La suite du texte			
Le sujet demande que je fasse comme si j'avais vécu une situation.			
Le sujet demande d'avoir bien compris le texte de départ.			

Ma production

En vous aidant du tableau ci-dessus, retrouvez les contraintes d'écriture du sujet initial.

....

....

....

....

....

....

Mon autoévaluation

Je relis ma production pour m'autoévaluer en complétant chaque smiley.

1. J'ai analysé le sujet.	
2. J'ai respecté les contraintes du sujet.	
3. J'ai organisé mes idées.	
4. J'ai développé mon propos.	

Méthode — Réussir son sujet de réflexion

Dans cette double page, vous allez apprendre à rédiger un sujet de réflexion. Ce sujet va vous permettre de mettre en avant vos connaissances, vos gouts et votre expérience personnelle pour composer un texte.

Exemple de sujet de réflexion :
Selon vous, l'art peut-il permettre de mieux connaitre une personne ?
Vous répondrez à cette question dans un développement argumenté en vous appuyant sur votre culture, et en particulier votre expérience des différentes formes d'art (littérature, peinture, photographie, cinéma, musique...).
Votre rédaction sera d'une longueur minimale d'une soixantaine de lignes (300 mots environ).

Voici le sujet d'écriture.

À partir de ce sujet de réflexion,
trouvez une problématique et rédigez la conclusion.

Mon organisation de travail

Étape 1 J'identifie le thème et les mots-clés

1. Le thème du sujet
Vous ne devez pas vous contenter de lire le sujet de réflexion une seule fois. Il faut le **lire**, le **relire** et en **dégager le thème** pour s'assurer d'en comprendre chaque mot-clé.

a. Quels sont les mots-clés de la phrase en jaune ?

....

....

b. D'après la consigne, par « *art* », on entend :

....

....

c. Citez deux œuvres qui renseignent sur son auteur.

....

....

....

....

....

d. À quel domaine peut-on opposer l'art ?

....

e. Selon vous, par « *une personne* », on entend :
❒ l'artiste. ❒ le public. ❒ vous.

2. Le lien avec le texte d'étude
Le sujet de réflexion a **un lien avec le texte** sur lequel vous avez travaillé en première partie d'épreuve.
Pensez à relier le sujet au texte d'étude afin de pouvoir utiliser des termes et/ou procédés présents dans l'extrait.

3. Les contraintes du sujet de réflexion
Le sujet vous impose des **contraintes de rédaction**.
À vous de bien les identifier pour ne pas être hors-sujet (autant sur le fond que sur la forme).

Associez chaque élément du sujet à sa contrainte :

« *l'art peut-il permettre* » •	• texte argumentatif
« *peut* » •	• texte à la troisième personne
« *un développement argumenté* » •	• emploi du présent de vérité générale

Étape 2 Je construis une argumentation cohérente

Le sujet de réflexion met à l'honneur **l'argumentation** que vous avez appris à travailler et construire tout au long de l'année.

1. Les idées et les exemples
Vous devez répondre au sujet en l'envisageant sous plusieurs angles. Vous proposez ensuite plusieurs idées qui prennent appui sur les mots-clés.

a. Selon vous, quels domaines ce sujet permet-il de traiter ?
❒ L'expression de soi
❒ La réception d'une œuvre
❒ L'influence de la société

b. Complétez le tableau en trouvant au moins un exemple pour chaque colonne.

• Une œuvre peut révéler les gouts ou la sensibilité de l'artiste qui l'a créée ou de ceux qui l'aiment. • Les œuvres d'un artiste peuvent nous renseigner sur les valeurs qu'il défend. *Mon exemple d'œuvre :*	• Les artistes sont parfois influencés par leur environnement culturel. • Le regard du public, sa lecture d'une œuvre, peuvent donner à cette dernière un sens différent de celui qu'elle avait pour l'artiste. *Mon exemple d'œuvre :* ....

2. L'organisation d'un plan

• Le sujet de réflexion exige **un plan structuré** qui permet au lecteur de comprendre la progression de votre réflexion.

• Organisez vos idées en **deux ou trois grandes parties** constituant les **étapes du développement**.

• Chaque partie doit comporter des paragraphes.

a. Je change de paragraphe quand :

• je vais à la ligne.	❍ Vrai	❍ Faux
• je développe un nouvel exemple.	❍ Vrai	❍ Faux
• je développe un nouvel argument.	❍ Vrai	❍ Faux

b. Chaque argument doit être illustré par :

❍ un titre.
❍ un schéma.
❍ un exemple.

c. Proposez un plan comportant deux parties dans le développement et qui correspondent aux suggestions du tableau.

I. L'art comme ....

II. L'art comme ....

Étape 3 Je rédige chaque étape de mon devoir

Chaque étape de votre devoir doit répondre à **des contraintes précises.**
Complétez la dernière ligne du tableau en retrouvant les mots-clés de chaque étape :
argument • ouverture • idée du paragraphe • thème • problématique • exemple • annonce du développement • reprise du développement • le rôle du contexte culturel.

	Introduction	Développement	Conclusion
Méthode	• présenter le thème au lecteur sans répéter le sujet ; • formuler une problématique à partir du sujet ; • annoncer brièvement les étapes du développement.	• la première phrase de chaque partie doit reprendre, sous forme rédigée, le titre du plan ; • la rédaction des paragraphes, dans chaque partie, doit être soignée : les connecteurs logiques permettent au lecteur de suivre la progression de l'argumentation.	• résumer ce qui a été dit et proposer une réponse à la problématique posée en introduction ; • ouvrir la réflexion sur une nouvelle perspective.
Mots-clés			

Ma production

....

Mon autoévaluation
Je relis ma production pour m'autoévaluer en complétant chaque smiley.

1. J'ai identifié le thème et les mots-clés.	☺
2. J'ai trouvé une problématique.	☺
3. J'ai illustré mes arguments d'exemple(s).	☺
4. J'ai rédigé une conclusion cohérente avec le sujet.	☺

Partie I Français (1 heure – 20 points)

A Texte littéraire

Au cours de la Première Guerre mondiale, le soldat Albert vient d'être enterré dans le sol à la suite de l'explosion d'un obus. Pensant qu'il va mourir, il revoit en pensée ses parents, M. et Mme Maillart, ainsi que Cécile, la jeune fille qu'il aime.

Ce paragraphe, en italique, appartient au paratexte. Il peut vous aider, mais vous ne devez jamais le citer.

Il reprend doucement une respiration saccadée, ses poumons n'en peuvent déjà plus. Des larmes commencent à monter qu'il parvient à réprimer. Il se dit que pleurer, c'est accepter de mourir.

Il ferait mieux de se laisser aller, parce que ça ne va plus être long maintenant.

Ce n'est pas vrai qu'au moment de mourir toute notre vie se déroule en un instant fulgurant. Mais des images, ça oui. Et de vieilles encore. Son père, dont le visage est si net, si précis, qu'il jurerait qu'il est là, sous la terre avec lui. C'est sans doute parce qu'ils vont s'y retrouver. Il le voit jeune, au même âge que lui. Trente ans et des poussières, évidemment, ce sont les poussières qui comptent. Il porte son uniforme du musée, il a ciré sa moustache, il ne sourit pas, comme sur la photographie du buffet. Albert manque d'air. Ses poumons lui font mal, des mouvements convulsifs le saisissent. Il voudrait réfléchir. Rien n'y fait, le désarroi prend le dessus, la terrible frayeur de la mort lui remonte des entrailles. Les larmes coulent malgré lui. Mme Maillart le fixe d'un regard réprobateur, décidément Albert ne saura jamais s'y prendre, tomber dans un trou, je vous demande un peu, mourir juste avant la fin de la guerre, passe encore, c'est idiot, mais bon, on peut comprendre, tandis que mourir enterré, autant dire dans la position d'un homme déjà mort ! C'est tout lui, ça, Albert, jamais comme les autres, toujours un peu moins bien. De toute façon, s'il n'était pas mort à la guerre, que serait-il devenu, ce garçon ? Mme Maillart lui sourit enfin. Avec Albert mort, il y a au moins un héros dans la famille, ce n'est pas si mal.

Le visage d'Albert est presque bleu, ses tempes battent à une cadence inimaginable, on dirait que toutes les veines vont éclater. Il appelle Cécile […], mais les traits de Cécile ne remontent pas jusqu'à lui, comme si elle était trop loin pour lui parvenir et c'est ça qui lui fait le plus mal, de ne pas la voir à cet instant, qu'elle ne l'accompagne pas.

P. Lemaitre, *Au revoir là-haut,* © Éditions Albin Michel, 2013.

Pour commencer, lisez deux fois le texte en repérant les indices spatio-temporels et les personnages.

B Image

Paroles de poilus, volume 1 - **Guéno-Bramanti.**
D'après la lettre de Lazare Silbermann, reprise de l'ouvrage de Jean-Pierre Guéno © Éditions Soleil, 2012.

Questions

Les réponses aux questions devront être entièrement rédigées.

Sur le texte littéraire (document A)

1. Comment la douleur physique du personnage est-elle exprimée ? (1 point)

2. a. Pourquoi peut-on dire que les souvenirs envahissent l'esprit du personnage ?

b. À quel temps verbal sont-ils évoqués ? Pourquoi, selon vous ? (2 points)

3. « *Mme Maillard le fixe d'un regard réprobateur, décidément Albert ne saura jamais s'y prendre, tomber dans un trou, je vous demande un peu, mourir juste avant la fin de la guerre* [...]. »

a. Qui s'exprime dans cette phrase ?

b. Comment les propos sont-ils rapportés ? Est-ce habituel ? (2,5 points)

4. « *Il ferait mieux de se laisser aller, parce que ça ne va plus être long maintenant.* »

a. À quel temps le premier verbe est-il conjugué ?

b. Pourquoi peut-on dire que cette phrase exprime les pensées du personnage ? (2 points)

5. Relevez une phrase nominale dans le texte. Justifiez son emploi. (1 point)

6. a. Quelle est la nature grammaticale d'« *inimaginable* » ?

b. En montrant comment il est formé, expliquez le sens de ce mot. (1,5 points)

7. a. Quelles sont les émotions ressenties par le personnage ?

b. Relevez le champ lexical d'une émotion pour justifier votre réponse. (4 points)

8. Que permet le point de vue choisi par l'auteur ? Que ressentez-vous à la lecture du texte (2 points)

Sur le texte et l'image (documents A et B)

9. Sachant que les images illustrent la lettre d'un poilu au front, quels points communs y a-t-il entre l'image et le texte ? (2 points)

10. Pourquoi, selon vous, le texte est-il ainsi réparti entre les trois vignettes ? (2 points)

Partie II Français, rédaction et maitrise de la langue (2 heures – 30 points)

Dictée (5 points)

Écrivez la dictée lue par votre enseignant-e. Relisez-vous.

Réécriture (5 points)

Réécrivez cette phrase en remplaçant « *il* » par « *ils* » et en employant les temps du récit au passé.

« Il reprend doucement une respiration saccadée, ses poumons n'en peuvent déjà plus. Des larmes commencent à monter qu'il parvient à réprimer. Il se dit que pleurer, c'est accepter de mourir. »

Vous procéderez à toutes les modifications nécessaires.

Rédaction (20 points)

Vous traiterez au choix l'un des deux sujets de rédaction suivants. L'utilisation d'un dictionnaire de langue française est autorisée.

Sujet 1

Selon vous, est-il utile de raconter la guerre dans des textes de fiction ? Que nous apportent-ils que ne révèlent pas des documents historiques ?
Vous répondrez à cette question dans un développement argumenté en vous appuyant sur vos lectures, votre culture personnelle et les connaissances acquises dans l'ensemble des disciplines.

Sujet 2

Un soldat qui s'est aperçu de la disparition d'Albert finit par le découvrir enseveli et presque mort. Racontez la scène en insistant sur l'émotion du moment et sur la force de la solidarité.

Partie I Français (1 heure – 20 points)

A Texte littéraire

Montserrat est officier dans l'armée espagnole qui, en 1812, réprime sauvagement la révolution vénézuélienne. Il se rallie à la cause du prisonnier résistant Bolivar qu'il aide à s'enfuir et à se cacher. Il est arrêté pour trahison et interrogé.

IZQUIERDO.– Je te plains, Montserrat ! Je sais que tu as du courage… Il va t'en falloir beaucoup.

MONTSERRAT.– Je ne crains rien.

IZQUIERDO.– Qui sait ? Je pourrais te faire torturer à mort, mais tu ne parlerais pas. Je te connais. Et, si tu mourais à la torture, par Dieu, ma chance de capturer Bolivar s'envolerait avec ton souffle. Son Excellence m'a laissé libre choix des moyens pour te faire dénoncer le nouveau refuge de ton ami…

MONTSERRAT.– Puisque vous savez que je ne parlerai pas, qu'attendez-vous pour me faire fusiller ?

IZQUIERDO, *doucement*.– Tu parleras… (*Il marche, tête basse, de long en large, puis s'arrête et regarde fixement Montserrat*). Écoute-moi. Six personnes vont être enfermées ici, dans cette salle, avec toi. Des gens pris au hasard, dans la rue. Des innocents, Montserrat ! des hommes et des femmes de ce peuple que tu aimes plus que ton drapeau. Dans une heure, si tu n'as pas dénoncé l'endroit précis où se cache Bolivar, ils seront fusillés !

MONTSERRAT, *atterré*.– C'est impossible ! Izquierdo ! C'est inhumain !

IZQUIERDO, *méprisant*.– Qu'importe ! Si c'est efficace…

MONTSERRAT.– Je veux demander audience au général.

IZQUIERDO, *brutal*.– Refusé !… (*Silence.*) Tu auras une heure. Au bout d'une heure, si tu t'obstines, ils seront fusillés derrière ce mur. Il faudra choisir entre la mort de Bolivar, rebelle et traître, et celle de six innocents.

MONTSERRAT, *révolté, hurle*.– Tu es une bête immonde ! J'aurais dû t'écraser la tête le jour de Gomara, quand tu as fait enterrer vivants tous les prisonniers.

IZQUIERDO.– Tais-toi ! Aujourd'hui, ce sera plus difficile qu'à Gomara.

MONTSERRAT, *hors de lui*.– Je te hais ! *(Il tente de se jeter sur Izquierdo. On le maîtrise.)*

IZQUIERDO, *ironique*.– Et moi, je te plains. Je te plains de toute mon âme, car ton épreuve sera dure, très très dure.

MONTSERRAT.– Je veux voir le général. Son Excellence me fera fusiller pour avoir trahi, pour avoir préféré la cause des hommes que nous opprimons à la fidélité au Roi. Il me fera fusiller pour tout ce qu'il voudra. Ça m'est égal. Je consens à mourir en traître. Je suis un traître dans ce camp, je l'avoue. Et c'est parce que je suis un homme. Parce que j'ai des sentiments d'homme ! Que je ne suis pas une machine à tuer, une machine aveugle et cruelle !…

E. Roblès, *Montserrat*, Acte I, scène 7, © Éditions du Seuil, 1952.

B Image

F. J. de Goya, *Tres de mayo* (1814), huile sur toile, 268 x 347 cm, Musée du Prado, Madrid.

Questions

Les réponses aux questions devront être entièrement rédigées.

Sur le texte littéraire (document A)

1. **Quelles sont les caractéristiques principales de ce dialogue théâtral ?** (2 points)

2. « *tu ne parlerais pas* » **et** « *Tu parleras* » **Quels sont les temps utilisés ? Quelle est ici leur valeur ?** (3 points)

3. **Par quels moyens Izquierdo tente-t-il de faire pression sur Montserrat ?** (3 points)

4. **Étudiez précisément la progression des émotions et réactions de Montserrat au fil de la scène.** (3 points)

5. « *Tu es une bête immonde !* » **Expliquez le sens de cette réplique. Citez-en une autre de sens opposé.** (3 points)

6. **Proposez un titre pour ce texte. Justifiez votre proposition.** (2 points)

Sur le texte et l'image (documents A et B)

7. **Quels sont les éléments qui rapprochent l'image et le texte ?** (2 points)

8. **Les impressions suscitées par cette peinture sont-elles les mêmes que celles produites par le texte ?** (2 points)

Partie II Français, rédaction et maitrise de la langue (2 heures – 30 points)

Dictée (5 points)

Écrivez la dictée lue par votre enseignant-e. Relisez-vous.

Réécriture (5 points)

Réécrivez ce passage en remplaçant la première personne du singulier par un « *vous* » pluriel et en procédant à toutes les transformations nécessaires.

« *Son Excellence me fera fusiller pour avoir trahi, pour avoir préféré la cause des hommes que nous opprimons à la fidélité au Roi. Il me fera fusiller pour tout ce qu'il voudra.* [...] *Je consens à mourir en traître. Je suis un traître dans ce camp, je l'avoue. Et c'est parce que je suis un homme. Parce que j'ai des sentiments d'homme !* »

Rédaction (20 points)

Vous traiterez au choix l'un des deux sujets de rédaction suivants. L'utilisation d'un dictionnaire de langue française est autorisée.

Sujet 1

Croyez-vous au pouvoir de la parole pour convaincre les autres ? Vous répondrez à cette question dans un développement argumenté en vous appuyant sur votre expérience, sur vos lectures, votre culture personnelle et les connaissances acquises dans l'ensemble des disciplines.

Sujet 2

Montserrat se retrouve en présence d'un des six otages qui tente de le fléchir. Rédigez le dialogue théâtral.
Votre rédaction sera d'une longueur minimale d'une soixantaine de lignes.

Partie I Français (1 heure – 20 points)

A Texte littéraire

L'espérance

J'ai ancré l'espérance
Aux racines de la vie

Face aux ténèbres
J'ai dressé des clartés
Planté des flambeaux
À la lisière des nuits

Des clartés qui persistent
Des flambeaux qui se glissent
Entre ombres et barbaries

Des clartés qui renaissent
Des flambeaux qui se dressent
Sans jamais dépérir

J'enracine l'espérance
Dans le terreau du cœur
J'adopte toute l'espérance
En son esprit frondeur.

A. Chédid, « L'espérance », dans Collectif,
Une salve d'avenir. L'espoir, anthologie poétique,
© Éditions Gallimard, 2004.

B Image

Manifestation du 11 janvier 2015 à Nantes, en réponse aux attentats du 7 janvier. © Sébastien Salom-Gomis/Sepa.

Questions

Les réponses aux questions devront être entièrement rédigées.

Sur le texte littéraire (document A)

1. À quelles images l'espérance est-elle associée dans le poème ? (2 points)

2. À quelles images l'espérance s'oppose-t-elle ? Comment nomme-t-on cette figure de style ? (2,5 points)

3. Expliquez ce qu'ont en commun les verbes utilisés. (3 points)

4. Par quel procédé le poème progresse-t-il de la deuxième à la quatrième strophe ? (3 points)

5. Quels sont les deux temps employés dans le poème ? Qu'expriment-ils ? (3 points)

6. « *En son esprit frondeur* »

a. Comment le mot souligné est-il construit ?

b. Que signifie-t-il ?

c. Quel lien l'unit au mot « *espérance* » ? (1,5 point)

7. À qui peut renvoyer « *je* » dans le poème ? Pourquoi plusieurs réponses sont-elles possibles ? (2 points)

Sur le texte et l'image (documents A et B)

8. Quels sont les éléments qui rapprochent l'image et le poème ? (2 points)

9. Quelles impressions suscite en vous cette photographie ? Sont-elles comparables à celles produites par le texte ? Justifiez votre réponse. (2 points)

Partie II Français, rédaction et maitrise de la langue (2 heures – 30 points)

Dictée (5 points)

Écrivez la dictée lue par votre enseignant-e. Relisez-vous.

Réécriture (5 points)

Réécrivez les trois premières strophes au futur simple de l'indicatif. Vous procéderez à toutes les modifications nécessaires.

Rédaction (20 points)

Vous traiterez au choix l'un des deux sujets de rédaction suivants. L'utilisation d'un dictionnaire de langue française est autorisée.

Sujet 1

Selon vous, quel rêve d'avenir est possible pour notre planète ? Vous répondrez à cette question dans un développement argumenté en vous appuyant sur votre expérience, sur vos lectures, votre culture personnelle et les connaissances acquises dans l'ensemble des disciplines.

Sujet 2

Insérez une douzaine de vers que vous répartirez en plusieurs strophes dans le poème d'Andrée Chédid. Vous essayerez d'écrire dans la continuité du texte lu.

ÊTRE

INDICATIF				
Présent		**Passé composé**		
je	suis	j'	ai	été
tu	es	tu	as	été
il, elle	est	il, elle	a	été
nous	sommes	nous	avons	été
vous	êtes	vous	avez	été
ils, elles	sont	ils, elles	ont	été
Imparfait		**Plus-que-parfait**		
j'	étais	j'	avais	été
tu	étais	tu	avais	été
il, elle	était	il, elle	avait	été
nous	étions	nous	avions	été
vous	étiez	vous	aviez	été
ils, elles	étaient	ils, elles	avaient	été
Passé simple		**Passé antérieur**		
je	fus	j'	eus	été
tu	fus	tu	eus	été
il, elle	fut	il, elle	eut	été
nous	fûmes	nous	eûmes	été
vous	fûtes	vous	eûtes	été
ils, elles	furent	ils, elles	eurent	été
Futur simple		**Futur antérieur**		
je	serai	j'	aurai	été
tu	seras	tu	auras	été
il, elle	sera	il, elle	aura	été
nous	serons	nous	aurons	été
vous	serez	vous	aurez	été
ils, elles	seront	ils, elles	auront	été

SUBJONCTIF			
Présent		**Imparfait**	
que je	sois	que je	fusse
que tu	sois	que tu	fusses
qu'il, elle	soit	qu'il, elle	fût
que nous	soyons	que nous	fussions
que vous	soyez	que vous	fussiez
qu'ils, elles	soient	qu'ils, elles	fussent

CONDITIONNEL		IMPÉRATIF	
Présent		**Présent**	
je	serais	sois, soyons, soyez	
tu	serais	PARTICIPE	
il, elle	serait	**Présent**	**Passé**
nous	serions	étant	été
vous	seriez		
ils, elles	seraient	INFINITIF	être

AVOIR

INDICATIF				
Présent		**Passé composé**		
j'	ai	j'	ai	eu
tu	as	tu	as	eu
il, elle	a	il, elle	a	eu
nous	avons	nous	avons	eu
vous	avez	vous	avez	eu
ils, elles	ont	ils, elles	ont	eu
Imparfait		**Plus-que-parfait**		
j'	avais	j'	avais	eu
tu	avais	tu	avais	eu
il, elle	avait	il, elle	avait	eu
nous	avions	nous	avions	eu
vous	aviez	vous	aviez	eu
ils, elles	avaient	ils, elles	avaient	eu
Passé simple		**Passé antérieur**		
j'	eus	j'	eus	eu
tu	eus	tu	eus	eu
il, elle	eut	il, elle	eut	eu
nous	eûmes	nous	eûmes	eu
vous	eûtes	vous	eûtes	eu
ils, elles	eurent	ils, elles	eurent	eu
Futur simple		**Futur antérieur**		
j'	aurai	j'	aurai	eu
tu	auras	tu	auras	eu
il, elle	aura	il, elle	aura	eu
nous	aurons	nous	aurons	eu
vous	aurez	vous	aurez	eu
ils, elles	auront	ils, elles	auront	eu

SUBJONCTIF			
Présent		**Imparfait**	
que j'	aie	que j'	eusse
que tu	aies	que tu	eusses
qu'il, elle	ait	qu'il, elle	eût
que nous	ayons	que nous	eussions
que vous	ayez	que vous	eussiez
qu'ils, elles	aient	qu'ils, elles	eussent

CONDITIONNEL		IMPÉRATIF	
Présent		**Présent**	
j'	aurais	aie, ayons, ayez	
tu	aurais	PARTICIPE	
il, elle	aurait	**Présent**	**Passé**
nous	aurions	ayant	eu
vous	auriez		
ils, elles	auraient	INFINITIF	avoir

AIMER

INDICATIF				
Présent		**Passé composé**		
j'	aime	j'	ai	aimé
tu	aimes	tu	as	aimé
il, elle	aime	il, elle	a	aimé
nous	aimons	nous	avons	aimé
vous	aimez	vous	avez	aimé
ils, elles	aiment	ils, elles	ont	aimé
Imparfait		**Plus-que-parfait**		
j'	aimais	j'	avais	aimé
tu	aimais	tu	avais	aimé
il, elle	aimait	il, elle	avait	aimé
nous	aimions	nous	avions	aimé
vous	aimiez	vous	aviez	aimé
ils, elles	aimaient	ils, elles	avaient	aimé
Passé simple		**Passé antérieur**		
j'	aimai	j'	eus	aimé
tu	aimas	tu	eus	aimé
il, elle	aima	il, elle	eut	aimé
nous	aimâmes	nous	eûmes	aimé
vous	aimâtes	vous	eûtes	aimé
ils, elles	aimèrent	ils, elles	eurent	aimé
Futur simple		**Futur antérieur**		
j'	aimerai	j'	aurai	aimé
tu	aimeras	tu	auras	aimé
il, elle	aimera	il, elle	aura	aimé
nous	aimerons	nous	aurons	aimé
vous	aimerez	vous	aurez	aimé
ils, elles	aimeront	ils, elles	auront	aimé

SUBJONCTIF			
Présent		**Imparfait**	
que j'	aime	que j'	aimasse
que tu	aimes	que tu	aimasses
qu'il, elle	aime	qu'il, elle	aimât
que nous	aimions	que nous	aimassions
que vous	aimiez	que vous	aimassiez
qu'ils, elles	aiment	qu'ils, elles	aimassent

CONDITIONNEL		IMPÉRATIF	
Présent		**Présent**	
j'	aimerais	aime, aimons, aimez	
tu	aimerais	PARTICIPE	
il, elle	aimerait	**Présent**	**Passé**
nous	aimerions	aimant	aimé
vous	aimeriez		
ils, elles	aimeraient	INFINITIF	aimer

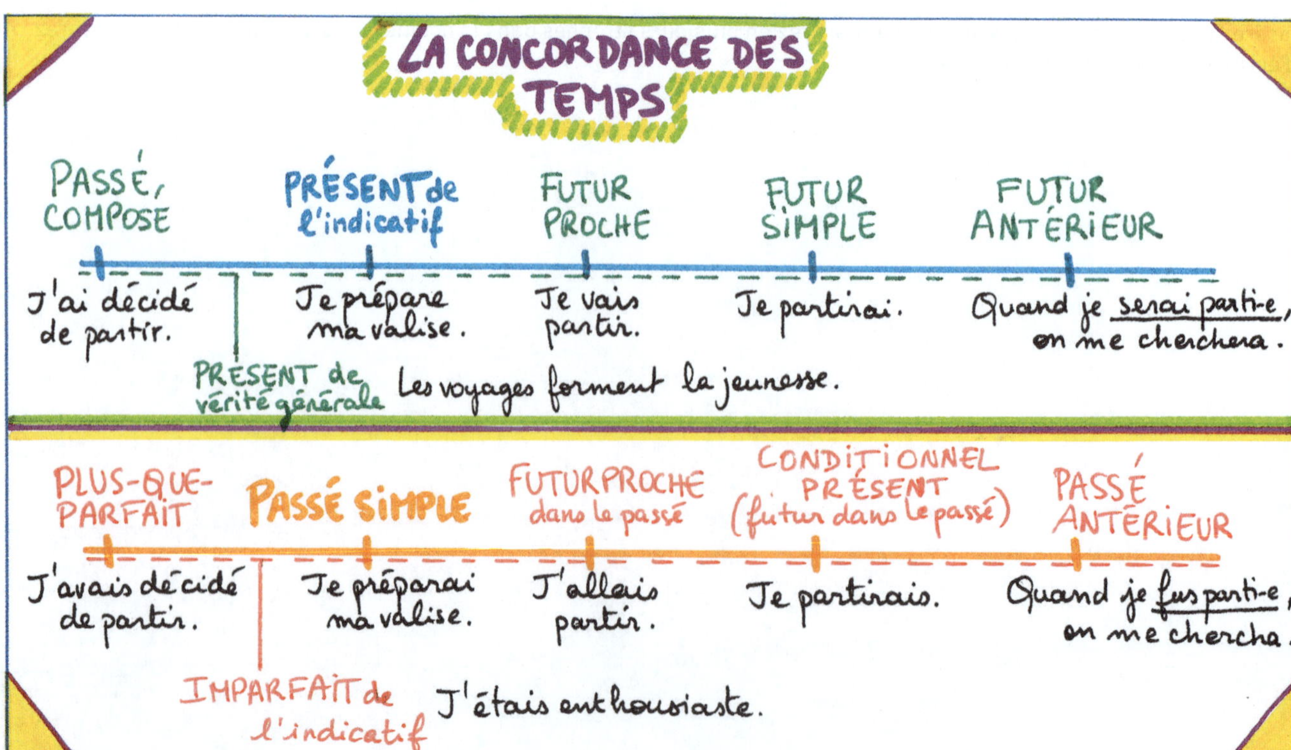